어원 인문학

어휘의 숲에서 어원의 길을 찾다

어원 인문학

어휘의 숲에서 어원의 길을 찾다

초판 1쇄 발행 2025년 11월 17일

—

지은이 김성현
펴낸이 이방원

책임편집 정우경   **책임디자인** 박혜옥
기획 김명희·박준성   **마케팅** 최성수   **경영지원** 이병은

—

펴낸곳 세창미디어
      신고번호 제2013-000003호 주소 03736 서울특별시 서대문구 경기대로 58 경기빌딩 602호
      전화 02-723-8660 팩스 02-720-4579
      이메일 edit@sechangpub.co.kr 홈페이지 http://www.sechangpub.co.kr
      블로그 blog.naver.com/scpc1992 페이스북 fb.me/Sechangofficial 인스타그램 @sechang_official

—

ISBN 978-89-5586-848-7 03740

어휘의 숲에서 어원의 길을 찾다

어원
인문학

김성현 지음

세창미디어
MEDIA

어원 인문학에 관하여

어원학은 etymology라고 합니다. 말 그대로 어원을 연구하는 학문을 의미합니다. 비슷하지만 이 책의 제목으로 선택된 어원 인문학은 기존의 학문 명칭이 아니라, 어원을 중심으로 한 단어들의 사회 문화적 관계를 살펴본 이번 책을 위해 조합된 말입니다.

저는 이 책을 쓰면서 한국에서 일상적으로 많이 사용되는 영어 단어들을 중심으로 어원을 살펴보는 것이 어휘를 학습하는 데 도움이 되는 것 이상의 교양과 인문학적인 가치가 있음을 알게 되었습니다. 그래서 이런 제목을 선택하게 되었는데, 모쪼록 어원을 바탕으로 다양한 사회 문화적 인문과 교양을 탐구하는 지적 활동이 왕성해지면 좋겠습니다.

단어들의 어원과 또 단어들 간의 관계를 살펴보면서 느낀 것은 단어의 피상적인 의미 이면에 보다 심층적인 의미가 존재한다는 점이었습니다. 그리고 이것은 생각보다 많은 사유와 상상의 근원이 될 수 있다는 것도 알게 되었습니다. 이질적으로만 보이던 단어들이 어원의 뿌리를 함께 공유하고 있었던 것입니다! 트랙터 tractor가 추상화abstract painting와 관계가 있고, 기적miracle이 거울 mirror과 관계가 있었습니다.

프랑스의 작가 빅토르 위고는 어원에 대한 날카로운 관찰력을 갖고 있었습니다. 대표작 『레 미제라블』은 한국어 번역본으로 총 6권이나 되는 매우 긴 장편소설입니다. 그 많은 지면 속에는 프랑스 사회의 다양한 면모에 대한 위고의 치밀하고 꼼꼼한 관찰과 사색이 중간중간 담겨 있습니다. 그중 4부 '은어'라는 장에서 위고는 언어와 어원 그리고 은어에 대한 매우 본격적이고 치밀한 사유를 기록합니다. 언어의 의미는 흔히 지질학적 지층으로 비유되곤 하는데, 위고 역시 단어들의 퇴적된 의미를 지층의 비유를 들어 설명하고 있습니다.

지질학자가 지질을 연구하는 것처럼 연구하는 사람의 눈에 은어는 틀림없이 하나의 충적층처럼 보인다. 그 충적층을 캐듯 은어를 연구해 보면 은어 속에는, 다시 말해 옛 프랑스 통속어의 가장 아래쪽에는 프로방스어, 스페인어, 이탈리아어, 지중해 연안 여러 항구의 말인 근동어, 영어, 독일어, 프랑스 로망과 이탈리아 로망 및 로마 로망의 세 종류의 로마어, 라틴어, 바스크어와 켈트어 등 다양한 언어들을 찾아낼 수 있다.

심원하고 몹시 기묘한 구성이다. 모든 비극들이 한데 모여 힘을 합해 땅속에 지은 건물과 같다. 저주받은 종족이 자기만의 지층을 이루고 번뇌가 제각각의 돌을 떨어뜨리고 마음이 저마다 자갈을 깔아 생긴 지층인 것이다. (『레 미제라블』, 베스트트랜스 역, 미르북컴퍼니, 2017)

　　많은 지식인들, 철학자들, 작가들, 유명 인사들은 종종 어떤 한 단어가 가진 어원의 의미를 설명하면서 자신의 주장을 설득력 있게 만들기도 합니다. 예를 들어 학생들의 자유로운 활동과 자기 주도 학습을 중요하게 여기는 교사가 학교를 의미하는 영어 단어 school의 어원에 해당하는 skholē에는 "여가", "휴식"과 같은 의미가 있다고 말하면서 학생들의 학업에 여가활동이 중요하다고 피력하는 것이죠.

　　어떤 한 단어의 의미와 어원을 밝히면서 자기 사상의 이론적 근거를 마련한 사상가들을 찾는 것은 별로 어려운 일이 아닙니다. 프로이트는 자신의 여러 논문에서 어원에 대한 설명으로 자신의 논의를 시작하거나, 직관적인 판단의 근거로 삼곤 했습니다. 특히 「두려운 낯섦」이라는 아주 유명한 논문에서 프로이트는 "집과 같은"이라는 뜻을 가진 독일어 heimlich의 의미를 매우 심도 있게 설명합니다. 더 나아가 이 단어의 어원에 근거한 자신의 추론을 뒷받침하기 위해 라틴어, 그리스어, 영어, 프랑스어, 스페인어에서까지 같은 의미를 가진 단어를 추정할 정도입니다.

　　그리하여 그는 heimlich라는 단어가 이미 그 자체에 반대말

unheimlich의 의미를 갖고 있음을 증명하며, "두려운 낯섦"이라는 개념을 보다 설득력 있게 제시합니다. 하나의 단어가 "친숙하고 편안한 것"과 "숨겨져 있고 은폐되어 있는"이라는 뜻을 동시에 갖고 있다는 것입니다. 이것은 단순히 하나의 단어와 그에 따른 어원적인 분석에 불과하지만, 프로이트에게는 인간의 의식에 매우 유의미한 영향을 주는 언어적인 영향을 보다 객관적으로 분석할 수 있는 근거가 되었습니다.

그뿐만 아니라, 「레오나르도 다빈치의 유년의 기억」이라는 논문에서 프로이트는 다빈치가 유독 독수리에 관심을 갖고 있었음을 파악하고 그것을 〈두 명의 성녀와 아기 예수〉라는 그림을 분석하는 핵심으로 설명합니다. 다시 말해, 그림에 등장하는 독수리는 젖을 물고 있는 아이의 입 근처에 있는데, 이것은 아이와 가장 가까운 어머니를 상징한다는 것입니다. 그리고 그에 대한 근거를 언어의 유사성에서 찾아냈습니다. 어머니를 뜻하는 독일어 "무터 Mutter"가 이집트와 같은 지역에서는 "무트Mutt" 여신이 되고 그 모습은 바로 독수리의 형상이라는 것입니다.

이 밖에도 프로이트는 신화와 전설에 대한 자신의 직관과 상상력을 단어의 어원을 통해 증명하고 설명하는 경우가 많습니다. 어원을 살펴보는 것이 과연 어떤 의미가 있기에 이런 위대한 과학자도 자신의 주장을 어원을 통해 인정받으려고 했을까요?

20세기의 위대한 철학자인 마르틴 하이데거 역시 단어의 어원을 통해 자신의 철학을 설파한 바 있습니다. 하이데거는 일반적으로 진리를 뜻하는 그리스어 "알레테이아aletheia, ἀλήθεια"의 어원적 의미인 "비은폐非隱蔽, unconcealment"에 주목했습니다. 그가 핵심으로 사용하고 있는 "알레테이아"를 어원적으로 분석하면 다음과 같습니다.

그리스어 a-는 일종의 접두사로서 "not"과 같습니다. 영어에서도 a-는 한 단어의 부정 혹은 반대를 의미하는 접두사로 사용됩니다. 레테lēthē는 "망각forgetfulness", "감춰짐hiddenness"을 의미합니다. 여기서 말하는 레테는 우리가 흔히 알고 있는 그리스 신화에 등장하는 레테의 강이죠. 이 강을 건너면 살아 있었던 시간에 대한 기억을 잊는다고 해서 망각의 강으로 불립니다. 따라서 이 구조를 연결하면 알레테이아a-lēth-eia가 되고, 이것은 "감춰지지 않은 상태the state of not being hidden"를 의미하게 됩니다. 따라서 하이데거가 진리를 의미하기 위해 사용한 단어 "알레테이아"는 감춰지지 않은 상태라는 의미로 이해될 수 있는 것입니다. 다시 말해, 하이데거는 진리를 명제와 사실의 일치(대응관계)로 이해하지 않고, 존재자들이 숨김에서 벗어나 드러남으로 나아오는 사건 즉 드러남의 사건으로 이해하는 것을 볼 수 있습니다.

하이데거는 이러한 어원적 복원을 통해 서양 형이상학이 진리를 단순한 "정확성orthotes"으로 축소해 온 전통을 비판하고, 철학의 근원을 언어 속에서 다시 사유하려 했습니다. 즉 그리스어의 잊힌 어원을 되살려 존재의 진리를 회복하려는 언어적 고고학이 하이데거 사유의 핵심 전략이었던 것입니다.

『멀고도 가까운』, 『오웰의 장미』 등 여러 책으로 국내에 널리 알려진 리베카 솔닛도 어원에 대한 관심이 남다른 작가라고 할 수 있습니다. 북극의 영어 단어 arctic이 곰을 뜻하는 artikos에서 왔다는 사실은 솔닛의 책을 읽으면서 처음 알게 되었습니다. 이뿐만 아니라 최근작 『오웰의 장미』에서도 몇몇 영어 단어의 어원에 대한 사유를 자신의 페이지 사이에 넣었는데 짧지만 매우 인상적인 단상이었습니다.

단어에 대한 사유, 특히 어원에 대한 호기심으로 그 기원을 상상하는 것은 단순히 한 단어를 발화하는 것 이상으로 깊은 의미가 있습니다. 때로 한 단어는 책 한 권 이상의 의미를 포괄하기도 합니다. 영국의 낭만주의 시인 윌리엄 워즈워스가 "언어는 화석이 된 시Language is fossil poetry"라고 했던 것은 의미가 하나의 단어에 매우 높은 밀도로 집약될 수 있음을 알았기 때문입니다. 의미가 오로지 언어로만 전달된다고 생각한다면, 의미의 양이 언어의 양과 비례할 것이라는 자연스러운 추측이 가능합니다. 동시에, 의미가 언어에만 의존해 파생되지는 않는다는 것도 쉽게 확인할 수 있습니다. 우리는 어떤 한 단어, 혹은 누군가의 이름만 들어도 거의 무한에 가까운 의미를 상상할 수 있지 않나요? 사랑이 그렇고, 엄마가 그렇습니다.

이런 관점에서 어원에 대한 사유, 단어와 단어 사이의 의미망에 대한 인문학적 상상은 인류가 언어 속에 새겨 놓은 의미의 풍부한 지층을 고스란히 살펴볼 수 있게 해 줍니다. 단어와 단어 사이 보이지 않는 유사성과 유추를 통해 엮인 말의 그물은 새로우면서도 동시에 아주 오랫동안 묻혀 있었던 의미를 건져 올리게 하지요. 이를 통해 자연스럽게 우리는 인류가 축적해 놓은 시간과 문화, 의미의 퇴적층을 영원한 현재의 시점에서 살펴볼 수 있게 되는 것입니다. 이러한 총체적인 과정을 지칭하는 데에 어원 인문학이라는 명칭만큼 적당한 것은 없을 것 같습니다.

단어를 어떻게 공부할 것인가

대학에서 영어를 가르친 지 20년이 넘었습니다. 그동안 다양한 과목과 주제를 다루며, 수많은 학생을 만나 왔습니다. 토익과 토플 같은 시험 준비생부터 유학을 준비하는 학생, 취업을 앞둔 취업 준비생, 그리고 학문적 연구를 목표로 하는 학생들까지, 각자의 목표와 필요에 따라 영어를 배우는 이유는 저마다 달랐습니다. 하지만 그만큼 다양한 요구 속에서도 결국 영어 학습의 가장 기본이자 핵심이 되는 것은 '어휘'라는 사실을 새삼 깨닫게 되었습니다. 이 책은 바로 그 깨달음에서 출발했습니다.

대부분의 한국 학생들은 영어 단어를 단순히 암기해야 할 뜻과 정의로만 여깁니다. 아마도 중고등학교 시절부터 반복된 단어 시험의 영향이 클 것입니다. 그러나 단어는 그저 기계적으로 외우고 지나칠 대상이 아닙니다. 단어 하나하나에는 언어의 역사와 사회 문화적 맥락이 고스란히 녹아 있습니다. 특히 어원을 함께 고려하면, 단어를 암기하는 것이 아니라 그 단어가 지닌 유래와 변천사, 그리고 시대적 흐름까지 함께 이해할 수 있습니다.

예를 들어 salary라는 단어를 살펴볼까요? 우리는 보통 salary를 '급여', '봉급'이라고 외우지만, 이 단어의 어원은 뜻밖에도 소금salt과 관련이 있습니다. 고대 로마에서는 군인들에게 급여로 일정량의 소금을 지급하곤 했는데, 당시 소금은 생존에 필수적인 귀한 자원이었습니다. 실제로 라틴어 salarium이 바로 '소금 수당'이라는 뜻에서 유래했으며, 이것이 현대 영어의 salary가 된 것입니다. 즉, 우리가 오늘날 월급을 의미하는 salary라는 단어를 사용할 때마다, 사실상 수천 년 전 로마 군인들이 소금을 받던 순간과 연결되고 있는 셈입니다. 또한 이 단어는 흔히 먹는 샐러드salad와도 관계가 있죠.

단어의 어원을 탐구하면, 단순한 의미 암기가 아니라 단어 속에 담긴 역사와 문화를 함께 배울 수 있습니다. '후보자', '출마자'를 의미하는 candidate는 어떨까요? 흔히 '선거 후보자'를 뜻하는 이 단어는 라틴어 candidatus에서 왔는데, 이것은 '순백의'라는 뜻을 지닌 candidus에서 파생되었습니다. 왜 하필 '후보자'가 '흰색'과 관련이 있을까요? 그것은 로마 시대에 선거에 출마하는 사람들이 깨끗한 흰색 토가를 입고 정직성과 순수함을 상징하려 했기 때문입니다. 오늘날 정치인들이 청렴함을 강조하는 것이나, 공식 석상에서 깔끔한 옷차림을 신경 쓰는 것도 같은 맥락에서 이해할 수 있습니다.

비슷한 맥락에서 sincere라는 단어도 흥미로운 유래를 가지고 있습니다. sincere는 '진실한', '성실한'이라는 뜻을 가지는데, 이는 라틴어 sine(~없이)와 cera(밀랍, 왁스)에서 유래했습니다. 고대 로마에서 조각가들은 대리석 조각상을 만들다가 실수로 금이 가면, 그 틈을 밀랍으로 메워 감쪽같이 숨기는 경우가 있었습니다. 그러나 어떤 조각가들은 밀랍을 사용하지 않고 있는 그대로의 작품을 내놓았고, 이를 가리켜 sine cera, 즉 '밀랍 없이' 정직하게 만든 것이라 불렀습니다. 이 표현이 시간이 지나면서 '거짓 없는', '진실한'이라는 의미로 확장되었고, 오늘날의 sincere로 발전한 것이죠. 특히 영어로 편지를 쓸 때, 맨 마지막에 덧붙이는 인사말로 Sincerely, yours라고 쓰기도 합니다.

또 한 가지 재미있는 단어는 disaster입니다. 이 단어는 '재난', '참사'라는 뜻이지만, 어원적으로는 '별star이 나쁘게 작용하다'라는 의미를 가지고 있습니다. dis-는 '부정', '나쁜'이라는 뜻을, aster는 '별'을 의미하는데, 이는 고대 사람들이 운명을 별의 움직임과 연결 지어 생각했던 것과 관련이 있습니다. aster에서 파생되어, astronomy(천문학), astrology(점성술), astronaut(우주 비행사) 등의 단어가 생겨났습니다. 그래서 별의 배치가 나쁘면 불행한 일이 닥칠 것이라는 의미를 갖게 되었고, 그 의미는 disaster라는 단어로 남아 오늘날까지 사용되고 있는 것입니다.

이런 관점에서 저는 한국에서 흔히 사용되는 영어 단어들 속에 숨겨진 어원적 의미를 탐구하고, 그것이 다른 영어 단어들과 어떻게 연결되는지를 면밀히 살펴보았습니다. 결과적으로, 단어의 어원을 탐구하는 일은 단순히 영어 실력을 향상시키는 것을 넘어 우리가 사용하는 언어가 지닌 역사적, 사회적 맥락을 이해하는 교양적 접근이 될 수 있음을 확인하였습니다.

이 책을 통해 많은 학생들이 영어 단어를 단순한 암기 대상이 아니라, 보다 깊이 있는 인문학적 탐구의 출발점으로 삼을 수 있기를 바랍니다. 친숙한 단어 속에 숨겨진 의미를 들여다보면서 어휘력을 쌓는 동시에 새로운 지적 즐거움을 발견할 수 있기를 기대합니다.

차례

01

내 영혼이 들어 올려질 때, 엑스터시ecstasy

엑스터시ecstasy와 디오니소스Dionysus

ecstasy는 '황홀경', '극적인 쾌락' 등의 뜻으로 해석된다. 마약의 종류라는 오명으로 널리 알려졌지만, 엑스터시라는 말은 꽤나 종교적이며 신화적인 말이다. 엑스터시는 '밖으로 나가다', 혹은 '밖에 있다'는 어원적 의미가 있다. 어디를 나간다는 말인가? 자신으로부터 빠져나간다는 말이다.

ex-는 바깥을 의미할 때, 혹은 바깥으로 향하는 의미의 접두어로 사용된다. 비상구는 exit라고 하는데, 이것은 바깥ex으로 가다it는 의미이다.

sta-는 '일어서다', '서 있다'는 의미가 있다. 간단히는 stand라는 동사가 해당하고, '도와주다', '원조하다'는 뜻의 assist에도 역시 sta-의 변형된 형태가 보인다. 여기서 a-는 '바로 옆에서'라는 의미이고, 옆에 서 있다는 뜻에서 돕다는 의미로 확장되었다. assistant라는 명사로 사용될 때는 옆에서 도와주는 사람, 곧 '조

수'라는 의미로 사용된다.

제정신이 아닐 때, 흔히 "정신 나갔다"라고 하는데, 동서양 공통 정신이 "나가는 것"은 미치는 것과 비슷하다. 그래서 영어로도 out of mind라고 하면, 미치거나 제정신이 아닌 것을 의미한다. 한국어로도 "혼이 나갔다", "혼난다"라는 말도 '매우 놀라거나 힘들거나 시련을 당하거나 하여서 정신이 빠질 지경에 이르다'를 의미하는 것과 비슷하다.

제정신 혹은 제정신이 아닌 것을 의미하는 영어 단어는 다양하다. sane은 '제정신인', '정신이 올바른 상태'를 의미한다. 부정 접두어 in-을 사용해서 insane이라고 하면 '미친', '제정신이 아닌'이라는 뜻이 된다. 정신이 나간 것은 아니지만 사람들은 종종 술을 마시면 딴 사람이 된다. 술을 마시지 않은 상태를 sober라고 한다. 술을 마시고 취하면 drunk라고 하지만, under the influence라는 표현도 많이 쓴다. 음주 운전은 DUI라고 하는데 Driving Under the Influence의 줄임말이다.

〈아메리칸 파이〉라는 노래로 유명한 돈 맥클린의 노래 〈빈센트〉는 네덜란드 화가 고흐에 관한 노래다. 가사에는 고흐가 당시 사람들로부터 정신 나간 화가처럼 비난받고 고통받았던 것을 노래하는데, 그 모든 것이 고흐의 insanity 때문이라고 말하고 있다. 정상적인 사람이 고통을 받았다면, 그 고통을 준 시대와 사회는 insane 했을 것이다.

제정신과 제정신이 아닌 것은 흔히 이성과 감성의 대비로도 읽힌다. 항상 제 모습 그대로인 태양은 변하지 않는 원칙으로서 이성을 상징하고, 항상 모습이 변화하는 달은 감성과 결부되어 해석된다. 이성의 원칙은 변할 수 없지만, 감정은 항상 변하기 때문이다. 그래서, 태양의 신 아폴로는 이성을 상징하는 인물이고, 달은 그 변화의 속성으로 인해 미치광이와 연관된 단어를 만들어 냈다. 달_{moon}은 luna라고도 하는데, 여기서 파생된 lunatic은 '미치광이'라는 뜻이다. '음력'을 의미하는 형용사 lunar 역시, 여기서 파생되었다. 공포 영화에서 사건이 벌어지는 것은 대부분 보름달 밤이다. 월요일에 범죄율이 제일 높다는 어느 통계 조사도 있었다. 월月요일은 Monday, 곧 달_{moon}의 날_{day}이다.

그리스 신화에서 디오니소스_{Dionysus}를 숭배하는 것은 엑스터시와 깊은 관계가 있다. 흔히 술의 신으로 알려진 디오니소스는 풍요, 다산, 그리고 도취와 관계가 있다. 디오니소스를 섬기는 사제들은 마이나스_{Maenads}라고 하는데, 그들은 디오니소스를 섬기는 제식_{ritual}을 진행하면서 술을 마시고 춤을 추면서 도취에 빠진다. 그리고 이렇게 도취에 빠지는 상태를 엑스터시라고 했었고, 이런 상태에서는 곧 신과 소통하며 황홀경의 축복ecstatic bliss을 얻을 수 있다고 믿었다.

이슬람 종교의 한 분파라고 할 수 있는 수피즘Sufism의 전통에서는 이러한 영적인 도취와 황홀경을 통해 신과 합일할 수 있다고 생각한다. 그래서 종종 수피즘 전통의 시인들은 신과의 합일을 사랑이나 황홀경ecstasy과 같은 은유로 표현한다.

샤머니즘shamanism에서도 역시 접신하는 과정은 이러한 엑스터시와 같은 상태를 동반한다. 굿의 대부분은 음악과 춤, 노래의 요소를 그대로 갖고 있다. 무당shaman은 신들린 상태trance와 비슷해지면서 영적인 능력을 보여 주기도 한다.

문화와 종교를 초월해서 엑스터시ecstasy가 신과의 소통, 혹은 신과의 합일을 의미하는 것은 매우 흥미로운 현상이다. 특정 종교가 없어도, 자신을 잊은 채 주변 자연과 동화되는 것도 모두 엑스터시를 경험하는 상태라고 할 수 있다.

엑스터시와 비슷한 상태를 지칭하는 단어로 rapture가 있다. '황홀감', '무아지경'의 의미로 사용된다. rapt라는 말은 뭔가를 재빠르게 낚아채거나 납치하는 의미가 있다. 그래서 rapture는 마치 사람을 낚아채는 것처럼 정신 못 차리게 한다는 의미가 강하다. 엑스터시가 종교적인 황홀감을 표현할 때도 사용된 것처럼, rapture도 종교적인 맥락에서 사용될 때가 있다.

1991년 미미 로저스 주연의 영화 〈더 랩쳐The Rapture〉는 종교적인 구원을 열망하는 전화 교환원의 이야기이다. 반복되는 일상과 정신적인 방황 속에서 삶의 의미를 찾지 못하는 주인공 샤론Sharon은 주변 사람들로부터 반복되는 종교적 구원의 이야기를 듣고, 그것을 진짜로 믿게 된다. 그녀는 구원을 받을 수 있게 되면 천국으로 갈 수 있다고 진실로 믿게 된다. 이 영화는 한국에서 〈휴거〉라는 제목으로 알려져 있다. 샤론이 믿었던 천국으로 들어 올려짐은 현실의 자신을 잊고 황홀한 종교적 영성과의 만남을 의미한다고 할 수 있을 것이다.

rapt라는 어원에는 빠른 속도로 낚아채거나 납치abduction하는 의미가 있기 때문에, 일종의 포식 동물의 이름으로도 사용된다. 미국의 군수업체인 록히드 마틴이 제작한 F-22는 raptor라는 이름을 갖고 있다. 영화 〈쥬라기 월드〉 시리즈에는 사나운 공룡 벨로시랩터velociraptor가 등장한다. 강탈자, 포식자의 이름에 아주 적합한 작명이다. 포식자의 활동은 매우 민첩하고 빠르기 때문에 '빠르다'는 의미의 rapid라는 단어 역시 어원적으로 같은 기원을 갖고 있다. 아주 신속하게 상대를 공격하고 피해를 준다는 의미에서, rapt는 '강간하다'는 뜻의 rape과도 관계가 있다. 모두 같은 단어에 어원을 두고 있는 말이다.

ecstasy 황홀경, 극도의 기쁨

예문: She felt an overwhelming sense of ecstasy during the concert.

그녀는 콘서트 중 압도적인 황홀경을 느꼈다.

동의어: bliss, rapture, euphoria

반의어: misery, despair, agony

exit 출구, 나가다

예문: Please exit the building calmly in case of an emergency.

비상시에는 건물을 차분히 나가세요.

동의어: leave, depart, way out

반의어: enter, entrance

assist 돕다, 지원하다

예문: The nurse will assist the doctor during the operation.

간호사는 수술 중에 의사를 도울 것이다.

동의어: help, aid, support

반의어: hinder, obstruct, oppose

sane 제정신의, 정신이 온전한

예문: Despite the chaos, she managed to stay sane.

혼란 속에서도 그녀는 제정신을 유지했다.

동의어: rational, sound, balanced

반의어: insane, irrational, deranged

insane 미친, 제정신이 아닌

예문: The plan sounded insane, but it actually worked.

그 계획은 미친 것처럼 들렸지만, 실제로 효과가 있었다.

동의어: crazy, mad, psychotic

반의어: sane, logical, reasonable

sober 술에 취하지 않은, 냉철한

예문: He stayed sober throughout the party.

그는 파티 내내 술에 취하지 않았다.

동의어: clear-headed, abstinent

반의어: drunk, intoxicated

drunk 술에 취한

예문: He was too drunk to drive home.

그는 너무 취해서 집에 운전해 갈 수 없었다.

under the influence(DUI: Drive Under the Influence, 술이나 약물의 영향을 받는 상태에서의 운전) (술이나 약물의) 영향을 받아, 취한 상태에서

예문: He was arrested for driving under the influence.

그는 음주 운전으로 체포되었다.

동의어: intoxicated, impaired

반의어: sober, unaffected

rapture 황홀감, 무아지경

예문: She listened to the symphony in complete rapture.

그녀는 심포니를 들으며 완전히 황홀경에 빠졌다.

동의어: ecstasy, bliss, euphoria

반의어: gloom, sadness, depression

rapt 열중한, 넋을 잃은

예문: The audience sat in rapt attention throughout the performance.

관객들은 공연 내내 넋을 잃고 집중했다.

동의어: engrossed, absorbed, captivated

반의어: distracted, uninterested

abduction 납치, 유괴

예문: The story was about the abduction of a young child.

그 이야기는 어린아이의 납치에 관한 것이었다.

동의어: kidnapping, snatching

반의어: rescue, release

raptor 맹금류, 포식자

예문: The eagle is a powerful raptor that hunts small animals.

독수리는 작은 동물을 사냥하는 강력한 맹금류다.

동의어: bird of prey, predator

반의어: prey, herbivore

velociraptor 벨로시랩터, 〈쥬라기 월드〉 시리즈에 나오는 포식성 공룡

예문: The velociraptor was known for its speed and intelligence.

벨로시랩터는 속도와 지능으로 유명했다.

동의어: predatory dinosaur

반의어: herbivorous dinosaur

rapid 빠른, 신속한

예문: The rapid development of technology has changed our lives.

기술의 빠른 발전이 우리의 삶을 바꿔 놓았다.

동의어: fast, quick, swift

반의어: slow, sluggish

rape 강간, 폭행

예문: The novel addresses the issue of rape in a sensitive way.

그 소설은 강간 문제를 섬세하게 다루고 있다.

동의어: sexual assault, violation

반의어: consent, protection

trance 무아지경, 황홀경

예문: The music put him into a trance.

음악이 그를 무아지경에 빠뜨렸다.

동의어: daze, dreamlike state, rapture

반의어: alertness, awareness

shamanism 샤머니즘, 주술적 신앙

예문: Shamanism is still practiced in some parts of the world.

샤머니즘은 여전히 세계의 일부 지역에서 행해지고 있다.

동의어: animism, spiritual healing

반의어: rationalism, secularism

Sufism 수피즘, 이슬람 신비주의

예문: Sufism emphasizes the inner, mystical dimensions of Islam.

수피즘은 이슬람의 내적이고 신비주의적인 차원을 강조한다.

동의어: Islamic mysticism, spiritual path

반의어: dogmatism, literalism

bliss 더없는 기쁨, 행복

예문: She felt bliss when she held her newborn baby.

그녀는 갓 태어난 아기를 안았을 때 더없는 기쁨을 느꼈다.

동의어: joy, happiness, delight

반의어: sorrow, misery, pain

02

카리타스의 꺼지지 않는 빛으로: 카리스마charisma와 자선charity

카리스마charisma와 글래머glamour

카리스마charisma 넘치는 사람들이 있다. 대중을 휘어잡는 장악력, 강렬한 눈빛, 웅장한 화술, 넘치는 글래머 등은 카리스마적인 사람들의 대표적인 속성이다. 카리스마는 어원적으로 '특별한 영적인 재능', 혹은 '신으로부터 부여받은 힘'이라는 뜻을 갖고 있다. charis-는 '은총', '아름다움', '친절함' 등을 의미한다.

charis-라는 어원은 카리타스caritas에서도 공통적으로 보인다. 카리타스는 보통 '신의 사랑'이라는 의미로 이해된다. 또한 라틴어 caritas는 '자비', '자선'을 의미하는 charity와 비슷한 말이라고도 할 수 있다. 토마스 아퀴나스는 카리타스를 가장 중요한 덕목virtue으로 생각했으며, 신을 향한 사랑은 동시에 인간을 위한 사랑으로까지 확장되어야 한다고 생각했다.

자선charity과 카리스마charisma는 얼핏 보면 서로 다른 단어인 것 같지만, 중간에 caritas를 거치면서 charis-라는 공통점이 있다는 것을 알 수 있다.

charis-에는 ka-라는 어원이 있다. '좋아하다', '소중히 여기다'라는 뜻이다. 한국에서 흔히 사용되는, 케어care는 그런 뜻이 직접적으로 반영된 말이라고 할 수 있다. 누군가를 보살펴 주는 것은 좋아하지 않으면 할 수 없을 것이다. 특히 좋아한다care for라고 할 때는 본래 care의 뜻이 직접적으로 드러난 말이라고 할 수 있다.

ka-가 '좋아하다', '욕망하다'는 뜻으로 사용되는 단어에는 caress도 있다. 남녀 사이의 에로틱하고 밀접한 접촉을 의미한다. 인도의 오래된 성전이라고 할 수 있는 카마수트라에도 역시 이 ka-가 포함되어 있다. 카마kama는 사랑과 욕망, 그리고 수트라sutra는 불교에서 삶에 대한 경구들을 모아 놓은 것을 의미한다. 단순히 글만을 의미한 것이 아니라, 그것을 적어 놓은 책들도 포함한다. 옛날에 책을 묶을 때, 실이나 끈을 이용했던 것에서 파생되었을 것이다. 중국의 죽간도 글이 새겨진 대나무 조각을 끈으로 줄줄이 엮어 놓은 형태를 보인다. 바느질을 suture라고 하는데, 마치 책을 바느질로 엮어 놓은 것 같은 모양을 하고 있는 것과 관계가 있다.

"영어와 라틴어에서 '꿰매다'라는 뜻으로 쓰이는 'suture'는 산스크리트어의 '수트라_{sutra}' 혹은 고대 인도어의 하나인 팔리어의 '수타_{suta}'를 어근으로 하고 있다. 두 단어 모두 바느질과 관련이 있다. 불교의 가장 성스러운 경전 수트라가 그런 이름을 가지게 된 이유는 최초에는 경전을 끈으로 꿰어서 만들었기 때문이다. 야자수잎을 두 개의 끈을 사용해 접이식 블라인드처럼 묶었던 것이 경전이었다. 부패하기 십상이었던 해당 지역의 기후 탓에 그 경전은 또 다른 책으로 베껴지고 또 베껴졌다. 그런 식으로 야자수잎 묶음이 책이 되고, 지식은 하나로 묶인 채로 실을 따라 하나의 선, 혹은 하나의 계통으로 전해졌다"(리베카 솔닛, 『멀고도 가까운』, 김현우 역, 반비, 2016).

사람이나, 물건을 소중히 여기고 간직하는 것은 cherish라고 한다. 발음에서 약간 달라졌지만, cherish의 che-는 카리스마, 케어와 동일한 ka-를 어원으로 한다.

카리스마의 매력은 흔히 글래머의 매력과 비교된다. 글래머라는 말은 과거 성적 매력과 쉽게 연관되어 사용되었지만, 최근 들어서는 남녀 불문하고 매력적인 사람에 대해서 많이 쓰인다. 버지니아 포스트렐은 글래머한 매력은 가짜라는 것을 알면서도 일부러 속아 넘어가는 매력이라고 설명했었다. 카리스마와 글래머에는 중요한 차이가 있다. 카리스마는 죽으면 함께 사라진다. 글래머는 죽은 후에도 남는다.

charisma 카리스마, 매력, 대중을 사로잡는 능력

예문: The leader's charisma attracted many followers.

그 지도자의 카리스마는 많은 추종자들을 끌어들였다.

동의어: charm, magnetism, appeal

반의어: dullness, repulsiveness

charity 자선, 자선 단체

예문: She donates money to charity every year.

그녀는 매년 자선 단체에 돈을 기부한다.

동의어: philanthropy, donation, generosity

반의어: selfishness, greed

care 돌보다, 보살피다, 관심

예문: She took care of her younger siblings.

그녀는 동생들을 돌봤다.

동의어: look after, tend, nurture

반의어: neglect, ignore

care for 좋아하다, 돌보다

예문: He deeply cares for his friends.

그는 친구들을 깊이 아낀다.

동의어: love, value, look after

반의어: dislike, disregard

caress 애무하다, 사랑스럽게 어루만지다

예문: He gently caressed her face.

그는 그녀의 얼굴을 부드럽게 어루만졌다.

동의어: stroke, touch softly, fondle

반의어: slap, strike

Kama Sutra 카마수트라, 고대 인도의 성전

예문: *The Kama Sutra* is a well-known ancient text on love and relationships.

카마수트라는 사랑과 관계에 관한 잘 알려진 고대 성전이다.

sutra 경전, 불교 경구

예문: The Buddhist sutra was written on palm leaves.

불교 경전은 야자수잎에 쓰여 있었다.

동의어: scripture, sacred text, canon

반의어: secular text, heresy

suture 봉합하다, 꿰매다, 봉합사

예문: The doctor used sutures to close the wound.

의사는 상처를 봉합하기 위해 봉합사를 사용했다.

동의어: stitch, close, sew up

반의어: open, tear, rupture

cherish 소중히 여기다, 간직하다

예문: She cherishes the memories of her childhood.

그녀는 어린 시절의 추억을 소중히 여긴다.

동의어: treasure, value, hold dear

반의어: forget, discard, neglect

glamorous 매혹적인, 매력적인

예문: She looked glamorous in her evening dress.

이브닝드레스를 입은 그녀는 매혹적으로 보였다.

동의어: elegant, attractive, dazzling

반의어: shabby, ordinary, unremarkable

03

프로이트Freud가 타노스Thanos에게 말했다. "내가 네 애비다"

에로스Eros와 타나토스Thanatos

프로이트는 인간에게 두 가지 중요한 충동적인 에너지가 있다고 보았다. 하나는 생에 대한 충동이고, 또 하나는 죽음을 향한 충동이다. 신화 속의 이름을 빌려 전자는 에로스eros, 그리고 후자는 타나토스thanatos라고 불렀다. 에로스는 인간의 영속을 가능하게 한다. 사랑에 대한 수식어로 영원이라는 단어가 늘 따라붙는

것은 당연해 보인다. 사랑으로 인간은 영원할 수 있기 때문이다. 사랑하지 않으면 후손은 존재할 수 없을 것이다.

사랑은 심지어 죽음도 부정할 수 있다. 라틴어로 아모르amor 는 죽음을 부정한다는 의미로 분석된다. 그리스 신화에 등장하는 사랑의 신 에로스Eros의 또 다른 이름이기도 하다. 부정을 의미하는 접두어 a-와 '죽음'을 의미하는 mor가 합쳐진 단어다. 사랑은 생명을 잉태하게 하고, 후손은 계속 이어진다. 개체의 죽음은 피할 수 없지만, 인간이라는 계통은 영원히 존재할 수 있는 것이다. 그래서, 사랑은 인류를 영원하게 한다. 개체로서의 인간은 필멸적mortal인 존재이지만, 계통으로서의 인간은 불멸immortal할 수 있는 것이다.

반면, 타나토스는 모든 살아 있는 것들이 무기물로 돌아가려고 하는 경향이다. 타나토스는 모든 것을 죽음으로 이끈다. 모든 생명이 있는 것들은 궁극적으로 죽음을 향해 있다. 마치 존재하는 순간부터 시간의 굴레에서 벗어날 수 없는 것처럼 그것은 명백한 사실이다. 타나토스는 종종 '죽음 본능'으로 번역되기도 하는데, 그것은 동물적인 본능instinct과는 다르다. 애초에 독일어 trieb 는 영어의 drive에 해당한다. drive는 일종의 추동력, 운동하는 경향성 등의 의미가 더 강하다.

타나토스에 포함된 타나토thanato-는 '죽음'을 의미한다. 인도유럽어의 뿌리로는 '죽다', '사라지다'는 의미를 갖고 있다. 죽음과 관련한 여러 단어들이 타나토스와 비슷한 뿌리를 갖고 있는 것은 당연해 보인다. 안락사euthanasia는 최근 다시 주목받는 사회적 이

슈가 되었다. 과거 아주 제한된 지역에서만 은밀하게 행해졌지만, 이젠 어떻게 죽는가 하는 문제가 점점 중요해지고 있다. 안락사라는 단어는 '행복하다'는 뜻의 접두사 eu-와 '죽음'이라는 thanatos의 결합이다. -sia는 병이나 증상 등에 붙는 접미사다.

eu-가 좋은 의미로 사용되는 것은 유토피아(E)Utopia에서도 확인할 수 있다. 혹은 거친 말을 좀 순화해서 좋은 말로 바꾸는 것을 완곡어법euphemism이라고 한다. 인간이 갖고 있는 좋은 유전자만을 선별해서 후손을 만들어 내는 것을 우생학eugenics이라고 한다. '좋다'는 뜻이 있기 때문에 사람의 이름에도 사용된다. 유진Eugene, 유도라Eudora, 유니스Eunice 등에도 '좋다'는 뜻의 eu가 포함된다. 가톨릭에서 말하는 성체는 유카리스트Eucharist라고 하는데, '좋다'는 뜻의 eu와 '은총'을 의미하는 charist로 만들어진 단어다.

thanatology는 '죽음학'이라고 할 수 있다. 말 그대로 죽음에 대한 과학적 연구를 하는 학문이라고 보면 될 것 같다. 몇 년 전 실제로 예일대학교 철학과에서 죽음에 대한 강의가 열리기도 했었다. 셸리 케이건Shelly Kagan이라는 철학과 교수의 죽음에 대한 공개 강의는 온라인에서 무료로 들을 수 있기도 했다. 첫 강의에 교탁 위에 올라가 양반다리를 하고 자신을 그냥 셸리라고 편하게 불러 달라던 모습이 기억난다.

영화 〈어벤져스〉 시리즈는 현대의 가장 강력한 신화 중 하나라고 할 수 있을 것이다. 전체 시리즈를 통해 유명해진 타노스Thanos의 이름은 그의 생각과 파괴적인 공격성에 너무나도 잘 어울리는 작명이다. 타나토스가 죽음의 충동이라는 것을 알고 있다면, 타노스의 이름이 왜 타노스인지 쉽게 이해할 수 있을 것이다.

타노스의 생각은 19세기 영국의 맬서스를 생각나게 한다. 인구 증가로 인한 자원의 고갈, 인간 사이의 갈등과 전쟁으로 인해 타노스는 극적으로 인구를 감소시켜야 한다고 주장한다. 이런 타노스의 생각은 어느 정도 맬서스의 생각을 바탕으로 디자인된 것 같은 느낌이 든다. 어떤 수단과 방법을 쓰더라도 필사적으로 인간의 개체 수를 줄여야 한다는 타노스의 생각은 영화 속에서 화려한 스펙터클과 여섯 개의 스톤을 가지고 화려하게 이루어진다. 악당의 꿈이 실현되다니!

프로이트의 정신 분석학은 매우 다양한 내용을 다루고 있지만, 아무래도 아버지와 아들의 관계는 그중에서도 가장 두드러진 주제라고 할 수 있을 것이다. 햄릿으로 대표되는 오이디푸스 콤플렉스부터 『토템과 터부』 등의 저술에서 소개된 아버지에 대한 아들의 양가적ambivalent 태도는 정신 분석학의 가장 큰 주제가 아버지에 관한 것임을 말해 준다. 그런 의미에서, 프로이트는 타나토스라는 개념을 대중적으로 널리 알리게 만든 사람이라고 할 수 있다. 그리고 타나토스에서 〈어벤져스〉의 타노스가 유래했으니, 결국 프로이트가 타노스를 등장하게 한 셈이다.

할리우드에서 "내가 네 아비다I'm your father"라는 말은 다양한 장르와 분야에서 반복 재생산되었다. 지금의 기준으로 살펴본다면, 매우 선구적인 밈meme이다. 〈스타워즈〉에 등장하는 루크 스카이워커는 다스 베이더가 자신의 아버지를 죽였다고 생각한다.

그러자, 다스 베이더는 말한다. "루크, 내가 네 아비다Luke, I'm your father." 다스 베이더는 자신의 숙적인 루크 스카이워커의 아버지였다. 〈토이 스토리 2〉에서 저그Zurg 황제는 버즈에게 말한다. "내가 네 아비다."

타나토스는 잠의 신 히프노스Hypnos와 형제다. 둘은 모두 밤의 신 닉스Nyx와 어둠의 신 에레보스Erebus의 자식들이다. 그리스식 명칭인 히프노스의 이름은 최면과 관련된 영어 단어에 보인다. hypnotism(최면술)이나, hypnotic(최면의) 등의 단어에 남아 있다. 히프노스는 로마 신화에서 솜누스Somnus가 된다. 솜누스의 이름 역시 잠을 의미하는 단어로 영어에 남아 있다. 불면증은 insomnia라고 한다. 자면서 걸어 다니는somnambulate 몽유병은 somnambulism이라고 한다.

잠의 신 히프노스의 아들은 모르페우스Morpheus다. 모르페우스가 대중들에게 유명해지게 된 것은 아마도 1999년의 기념비적인 영화 〈매트릭스〉에서였을 것이다. 신화 속에서 모르페우스가 사람들을 꿈의 세계로 이끌었던 것과 반대로, 〈매트릭스〉에서 모피우스는 가상의 세계에 갇혀 있던 네오를 실재 세계로 안내하는 결정적인 역할을 한다.

모르페우스는 꿈속에서 여러 가지 다양한 모습으로 등장하는 능력이 있다. 그래서 morph-라는 말은 '형태', '모양'을 의미하는 단어로 사용된다. 형태론은 morphology라고 한다. 전쟁 중 부상자를 위해 사용되는 모르핀morphine은 고통을 잊게 해 주는 꿈을 꾸게 해 준다고 해서 그런 이름이 사용되었다고 한다.

프란츠 카프카의 실존주의적 소설 『변신』의 영어 제목은 Metamorphosis다. 형태morph를 바꾼다meta는 뜻이라고 할 수 있다. meta-라는 접두사는 여러 의미가 있다. 뒤에 따라붙는 명사에 따라서 '그것에 대한', 혹은 '그것을 뛰어넘는', '그것의 뒤에 오는' 등등의 의미가 있다. 아리스토텔레스의 『물리Physics』라는 책은 물질적인 세상에 관한 것이었고, 인간의 영혼과 정신 등 무형적인 것에 대해서는 그다음에 쓰여지게 되었다고 해서, meta-physics는 보통 '형이상학'으로 번역한다. 형이하학적인 것은 물질적, 형이상학적인 것은 정신적인 것에 해당한다.

카프카의 『변신』은 아주 충격적인 장면으로 시작하는 소설이다. 주인공 그레고르 잠자는 어느 날 잠에서 일어나 보니 자신이 벌레로 변해 있는 것을 발견하게 된다. 자신에겐 실존이 위협되는 절대적으로 심각한 사건이지만, 가족들은 별로 대수롭지 않게 여긴다. 벌레로 변한 주인공은 자신의 방에서 인간의 실존에 대해서 고뇌한다. 하지만 주변의 일상은 크게 달라지지 않는다. 어느 날 들려오는 여동생의 바이올린 소리를 듣고 눈물을 흘린다. 정작 여동생의 연주를 들으러 온 사람들은 별다른 흥미를 느끼지 못한다. 벌레인 주제에, 바이올린 선율의 아름다움을 느끼게 되는 실존의 부조리함은 고스란히 삶의 무게로 다가온다. 결국 잠자는 가족을 포함한 주변 사람들의 냉대와 무관심 속에서 죽는다. 그가 죽고 난 후, 가족들은 좀 더 명랑해진다.

타노스의 핑거 스냅finger snap은 꽤 유명한, 하지만 꽤나 유치한 설정의 문화적 아이콘이 되었다. 손가락을 한 번 튕기는 것만으로 우주의 절반을 파괴할 수 있다니. 상상력이 고갈된 상태에서 '에이 그냥 대충 지어내자'는 식으로 설정된 것 같은 꽤 성의 없어 보이는 설정이다. 어마어마한 능력을 보여 주기 위해서는 마치 손오공이 원기옥을 쓸 때처럼 온 힘을 기울이는 정성과 괴로움과 인내가 함께 묘사될 것도 같은데, 단지 손가락을 튕긴다? 만약, 이 설정에 어떤 상징적인 의미가 개입되어 있다면, 그것은 아마도 매우 의도적으로 설정된 미니멀리즘인 제스처로 읽힐 수 있을 것이다.

실제로 인간이 가장 파괴적인 살상력을 발휘할 때, 그것은 고작 손가락을 살짝 움직이는 것에 불과하다. 방아쇠가 그렇고, 비행기에서 폭탄을 투하할 때도 그렇고, 핵무기를 터뜨릴 때도 그렇다. 검지 손가락을 버튼 위에 올리고 슬쩍 누르기만 하면 누구라도 타노스가 될 수 있다. 그런 의미에서, 타노스의 핑거 스냅은 군비 전쟁으로 누적된 가공할 핵무기가 얼마나 사소한 제스처로 터질 수 있는지에 대한 꽤나 공들여 설정된 풍자라고도 읽힐 수 있을 것이다.

알고리즘 voca

Eros 에로스, 사랑의 신, 생의 본능

예문: Eros represents the instinct to survive and to seek pleasure.

에로스는 생존하고 쾌락을 추구하려는 본능을 나타낸다.

동의어: desire, passion, life instinct

반의어: Thanatos, death drive

Thanatos 타나토스, 죽음의 충동, 죽음의 신

예문: Freud believed in a balance between Eros and Thanatos.

프로이트는 에로스와 타나토스 사이의 균형을 믿었다.

동의어: death drive, destruction instinct

반의어: Eros, life force

amor 사랑(라틴어)

예문: Amor vincit omnia – love conquers all.

사랑(아모르)은 모든 것을 정복한다 – 사랑은 모든 것을 이긴다.

동의어: love, affection

반의어: hate, indifference

mortal 죽을 운명의, 필멸의

예문: Every human being is mortal and must face death eventually.

모든 인간은 필멸의 존재이며 결국 죽음을 맞이해야 한다.

동의어: perishable, temporary

반의어: immortal, eternal

immortal 불멸의, 죽지 않는

예문: The gods of mythology were considered immortal.

신화 속 신들은 불멸의 존재로 여겨졌다.

동의어: eternal, undying

반의어: mortal, ephemeral

euthanasia 안락사

예문: Euthanasia is a topic that raises many ethical questions.

안락사는 많은 윤리적 질문을 제기하는 주제다.

동의어: mercy killing, assisted death

반의어: life support, resuscitation

utopia 유토피아, 이상향

예문: Many dream of living in a utopia, where everyone is happy.

많은 사람들이 모두가 행복한 이상향에서 사는 꿈을 꾼다.

동의어: paradise, ideal world

반의어: dystopia, nightmare world

thanatology 죽음학, 죽음에 대한 학문적 연구

예문: Thanatology helps us understand the process and meaning of death.

죽음학은 우리가 죽음의 과정과 의미를 이해하도록 돕는다.

동의어: study of death, death education

instinct 본능

예문: Animals rely on instinct to survive in the wild.

동물들은 야생에서 살아남기 위해 본능에 의존한다.

동의어: impulse, intuition, drive

반의어: reasoning, logic

ambivalent 양가적인, 상반된 감정을 가진

예문: She felt ambivalent about moving to a new city.

그녀는 새로운 도시로 이사하는 것에 대해 상반된 감정을 느꼈다.

동의어: conflicted, uncertain

반의어: decisive, resolute

hypnosis 최면

예문: Hypnosis can be used to help people quit smoking.

최면은 사람들이 금연하는 데 도움을 줄 수 있다.

동의어: trance, mesmerism

반의어: awareness, consciousness

hypnotic 최면의, 잠이 오게 하는

예문: The music had a hypnotic effect, making everyone relaxed.

그 음악은 최면 효과가 있어 모두를 편안하게 했다.

동의어: soothing, drowsy, trance-inducing

반의어: stimulating, alerting

insomnia 불면증

예문: She suffers from insomnia and often stays awake all night.

그녀는 불면증으로 고통받아 밤새 깨어 있곤 한다.

동의어: sleeplessness

반의어: deep sleep, slumber

Morpheus 모르페우스, 그리스 신화에서 꿈의 신

예문: In mythology, Morpheus was the god who shaped dreams.

신화에서 모르페우스는 꿈을 형성하는 신이었다.

morphology 형태론, 형태학

예문: Morphology studies the structure of words.

형태론은 단어의 구조를 연구한다.

morphine 모르핀, 진통제

예문: The doctor administered morphine to relieve the patient's pain.

의사는 환자의 통증을 완화하기 위해 모르핀을 투여했다.

동의어: painkiller, narcotic

반의어: stimulant

metamorphosis 변신, 변태

예문: The caterpillar's metamorphosis into a butterfly is fascinating.

애벌레가 나비로 변신하는 것은 매우 흥미롭다.

동의어: transformation, change, evolution

반의어: stagnation, stability

metaphysics 형이상학

예문: Metaphysics deals with questions about existence and reality.

형이상학은 존재와 현실에 대한 질문을 다룬다.

동의어: ontology, philosophy of being

반의어: empiricism, materialism

04

북남위 23.5도에 갇힌 영원한 여름

열대tropical와 균형equilibrium

열대 기후는 tropical climate, 열대 우림은 tropical rainforest라고 한다. tropical이라는 단어는 한국어의 상품명으로도 사용될 정도로 친숙한 영어 단어 중 하나다. 트로피칼의 어원에 해당하는 tropos는 영어에서 '돌다', '바꾸다'라는 의미의 turn과 같다. 방향을 바꾸거나 비틀다는 의미에서 식물이 햇빛을 향해 자라나는 것을 굴광성heliotropism이라고 한다. 태양helio을 향해 덩굴이 돌면서trope 자라기 때문이다. 땅을 향해 자란다면 굴지성geotropism이라고 할 수 있다. 그렇다면, 이렇게 돌고 바뀌는 것을 의미하는 tropos라는 단어는 어떻게 열대와 관계를 맺게 되었을까? 해답은 지구 과학에 있다.

지구는 공전면을 기준으로 축이 23.5도 기울어진 채로 자전과 공전을 한다. 이것으로 인해 계절과 기후의 변화가 생겨난다. 하지 때 태양이 수직으로 비추는 위도는 적도를 기준 북위 23.5도에 해당한다. 이것을 북회귀선이라고 하고, 반대로 동지 때 태양이 수직으로 비추는 위도는 적도 기준으로 남위 23.5도에 해당하고, 이것을 남회귀선이라고 부른다. 다시 말해 태양이 수직으로 비추는 위도를 기준으로, 적도와의 각도가 하지 때는 북위 23.5도, 동지 때는 남위 23.5도에 해당하는 것이다. 그래서, tropical의 '돌다', '바꾸다'는 의미는 태양 빛을 수직으로 받는 자리가 북위와 남위 23.5도 사이에서 전환되는 것을 묘사하고 있는 것이다. 하지 때 지구에서 정면으로 보이는 별자리인 게자리Cancer의 이름을 따서 Tropic of Cancer(북회귀선)라고 하고, 동지 때 남위 23.5도에서 보이는 별자리인 염소자리Capricorn를 따서 Tropic of Capricorn(남회귀선)이라고 부른다.

그리고 그 사이에 위치한 지역이 바로 열대tropical 지역이 되는 것이다. 북회귀선과 남회귀선의 중간을 선으로 그으면, 그것이 바로 적도equator가 된다. "적도"라는 한국어의 명칭은 뜨거운 것이 붉은 것으로 지칭되는 지역의 온도 특성이 반영되어 있다. 하지만 영어의 equator는 단지 지구 과학적인 관점에서 위치를 정확하게 반으로 똑같이equal 나눴다는 의미가 강하다.

평등하다, 똑같다equal는 말은 적도equator와 같은 어원을 갖는다. 이것을 명사로 쓰면 equality(평등)가 된다. 고등학교 시절 방정식을 배울 때, 항상 "이꼴~", "이꼬르" 하면서 공부한 기억이 있다. 방정식은 두 항의 값을 동등하다equal고 전제하고 변수를 구하는 식이다. 그래서, 두 항이 대등하다는 의미에서 equation이라고 한다.

크리스찬 베일이 주연했던 2002년 영화 〈이퀼리브리엄Equilibrium〉은 안정과 균형이 완벽하게 이루어진 디스토피아를 그린다. 제목에 쓰인 이퀼리브리엄은 똑같이euqi 균형libr을 갖고 있다는 의미로 사용되었다. 영어 단어로 사용될 때에도 역시 어떤 상태나 운동이 균형을 갖추고 있는 것을 의미한다. '균형'을 의미하는 libr는 '저울'을 의미하는 어원인데, 황도 12궁zodiac의 천칭자리는 Libra라고 한다.

영화 〈이퀼리브리엄〉은 올더스 헉슬리의 『멋진 신세계Brave New World』는 물론, 조지 오웰의 『1984』와 레이 브래드버리의 『화씨 451Fahrenheit 451』, 그리고 워쇼스키 자매의 영화 〈매트릭스〉를 스펙터클하게 섞어 놓은 버전이라고 할 수 있다. 영화의 배경이 되는 국가의 이름은 리브리아Libria인데, '저울'을 의미하는 천칭자리, Libra라는 단어를 바탕으로 만든 이름이다. 리브리아에서는 전쟁이 인간의 감정으로 인해 일어났다고 생각하며, 인간의 감정을 억제하는 것을 최우선으로 한다. 감정을 억제하기 위해 프로지움 Prozium이라는 약을 강제적으로 복용해야 하는데, 이것을 먹지 않으면 즉시 정부에 고발되기도 한다. 프로지움은 유명한 항우울제 Prozac과 비슷한 작명인데, 아마도 감정에 민감한 우울의 상태를 극복하는 것이 감정을 지우는 기능과 유사하기 때문에 비슷하게 지어낸 것으로 보인다.

감정을 없애기 위해서 모든 문학과 감정을 유발하는 것들은 금지되며, 몰래 책을 소장하고 있는 것은 매우 심각한 범죄에 해당한다. 마치 『화씨 451』에서 모든 문서와 책들을 소각하는 것처럼, 주인공 존과 파트너 에롤은 숨겨진 책들을 찾아내서 소각하고, 소장자를 심판하는 임무를 갖고 있다. 인간의 감정은 매우 위험하며, 반드시 없어져야 하는 것으로 믿고 있는 존은, 어느 날 자신의 파트너 에롤의 집에서 그가 몰래 보관하던 책을 발견한다. 에롤은 감정을 느낄 수 있다면, 어떠한 대가도 치르겠다고 존에게 말한다. 존은 크게 주저하지 않고, 예이츠의 시집을 읽고 있던 에롤을 직접 처형한다.

이후, 존은 우연히 약물을 복용하지 않게 되면서 자신의 내면과 감정을 각성하게 되고 자신이 프로지움에 의해 조종당해 왔음을 인식하게 된다. 이후로도 존은 약을 먹는 척하기만 할 뿐 실제로는 먹지 않으면서 자신의 감정과 주체성을 서서히 회복해 간다. 하지만 약을 복용하지 않은 사실을 아들에게 들키게 되면서 결국 자신이 충성하던 국가로부터 제거의 대상이 된다.

약물을 통해 사회의 질서를 지키고, 인간을 조종한다는 모티

브는 『멋진 신세계』에서도 등장한다. 『멋진 신세계』에 등장하는 약물의 이름은 "소마Soma"였는데, 프로지움이 감정을 느끼지 않게 하는 것과 반대로, 이것은 복용자에게 행복감과 즐거운 감정을 선사한다. 모든 스트레스가 사라지는 마법의 약과 같은 것이다. 소마는 그리스어로 '인간의 몸'을 의미한다. 따라서, 인간이 몸으로 느낄 수 있는 즐거움을 의미한다고도 볼 수 있다. 하지만, 소크라테스가 인간의 몸은 영혼을 가두는 감옥과 같은 것이라고 언급했던 것을 생각하면, 소마는 쾌락과 즐거움, 안락함과 무사태평함을 무차별적으로 공급하여, 결과적으로 인간의 욕망과 자유를 통제한다고 할 수 있다. 결국, 소마는 감옥의 또 다른 이름인 것이다.

켄 키지의 소설을 원작으로 한 밀로스 포만 감독의 1975년 영화 〈뻐꾸기 둥지 위로 날아간 새One Flew Over the Cuckoo's Nest〉에도 약은 등장한다. 이것은 상징적이기도 하지만, 영화의 설정상 직접적인 약물이기도 하다. 정신 병원에서 환자들을 진정시키고 교화하기 위해 주기적으로 약을 먹게 하는 것이다. 여기서도 역시, 주인공이 약을 먹는 척 몰래 되뱉어 내는 것으로 인해 갈등이 촉발된다. 정신 병원에서 온전히 자신의 정신을 지키고자 했던 머피는 결국 병원과 간호사들의 과격한 전기 치료로 인해 정말 환자가 되어 버린다. 정신 병원을 배경으로 하고 있지만, 대부분의 훌륭한 영화가 그렇듯, 영화가 보여 주는 상징적인 의미들은 고스란히 우리들의 사회에 투영될 수 있는 부분이 많다.

사회가 진화하면서 약물의 형태도 진화해 왔다. 현대 사회는 더 이상 약물 형태 그대로 사람에게 주입하지 않는다. 스마트폰은 여러 면에서 소마나 프로지움의 뒤를 잇는 21세기적 형태의 약물이라고 할 수 있을 것이다.

tropical 열대의, 열대 지방의

> **예문**: The tropical rainforest is home to many exotic species.
>
> 열대 우림은 많은 이국적인 종들의 서식지이다.
>
> **동의어**: equatorial, humid
>
> **반의어**: arctic, temperate

tropos (어원) 돌다, 바꾸다

> **예문**: The term "troposphere" comes from "tropos," referring to the mixing of air.
>
> "대류권"이라는 용어는 공기의 혼합을 의미하는 "tropos"에서 유래했다.
>
> **동의어**: turn, change(어원 용어)
>
> **반의어**: fix, remain(의미상 반대 개념)

heliotropism 굴광성, 식물이 햇빛을 향해 자라는 성질

> **예문**: Sunflowers exhibit heliotropism by always turning towards the sun.
>
> 해바라기는 항상 태양을 향해 자라며 굴광성을 보인다.
>
> **동의어**: phototropism
>
> **반의어**: skototropism(어두운 쪽으로 자라는 성질)

geotropism 굴지성, 식물이 중력 방향으로 자라는 성질

예문: Roots display positive geotropism by growing downward.

뿌리는 아래로 자라며 양의 굴지성을 보인다.

동의어: gravitropism

반의어: negative geotropism(줄기 등 위로 자라는 경우)

Tropic of Cancer 북회귀선

예문: The Tropic of Cancer passes through several countries, including India.

북회귀선은 인도를 포함한 여러 나라를 지난다.

동의어: northern tropic

반의어: Tropic of Capricorn

Tropic of Capricorn 남회귀선

예문: The Tropic of Capricorn marks the southernmost point where the sun is directly overhead.

남회귀선은 태양이 정점에 있는 최남단 지점을 나타낸다.

동의어: southern tropic

반의어: Tropic of Cancer

equator 적도

예문: The equator divides the Earth into the Northern and Southern Hemispheres.

적도는 지구를 북반구와 남반구로 나눈다.

동의어: midline, central latitude

반의어: pole, arctic/antarctic circle

equal 평등한, 같은

예문: All individuals are born equal in terms of human rights.

모든 개인은 인권 면에서 평등하게 태어난다.

동의어: equivalent, identical, even

반의어: unequal, different, unfair

equation 방정식, 등식

예문: Solving the equation requires finding the value of x.

방정식을 풀기 위해서는 x의 값을 찾아야 한다.

동의어: formula, expression

반의어: inequality

equilibrium 평형, 균형

예문: The forces were in perfect equilibrium, keeping the object stable.

힘이 완벽한 평형 상태에 있어 물체를 안정적으로 유지했다.

동의어: balance, stability, symmetry

반의어: imbalance, instability

Libra 천칭자리, 저울

예문: People born under Libra are said to value harmony and balance.

천칭자리에서 태어난 사람들은 조화와 균형을 중시한다고 한다.

동의어: scales(저울)

반의어: Aries(대척점의 별자리로 사용 가능)

Prozium 프로지움(영화 〈이퀼리브리엄〉에 나오는 가상의 약물)

예문: In the movie, citizens are forced to take Prozium to suppress emotions.

영화에서 시민들은 감정을 억제하기 위해 프로지움을 복용하도록 강요받는다.

Soma 소마(소설 『멋진 신세계』에 나오는 약물), 신체(그리스어)

예문: In *Brave New World*, Soma is used to keep the population content.

『멋진 신세계』에서 소마는 사람들을 만족하게 유지하기 위해 사용된다.

One Flew Over the Cuckoo's Nest 〈뻐꾸기 둥지 위로 날아간 새〉(영화 제목)

예문: *One Flew Over the Cuckoo's Nest* is a powerful critique of institutional power.

〈뻐꾸기 둥지 위로 날아간 새〉는 제도적 권력에 대한 강력한 비판이다.

morph 변형되다, 형태가 바뀌다

예문: The creature could morph into any shape it wanted.

그 생물체는 원하는 어떤 형태로든 변할 수 있었다.

05

스프라이트sprite는 1음절로, 트루먼Truman은 잘 살고 있겠지?

정신spirit과 호흡respiration

sprite는 영어의 음절을 설명할 때 종종 사용하는 단어 중 하나다. 영어 단어를 한국어식으로 발음하면 실제 영어의 음절은 상이한 경우가 많아 듣기나 발음에 어려움을 겪기 쉽다. 스/프/라/이/트는 한국어로 쓰면 5음절이지만, 영어로는 1음절 단어.

sprite의 스펠링을 보면 자음 사이에 모음이 하나밖에 없으니, 사실은 ㅅ프라ㅣㅌ 정도의 소리라고 할 수 있다. 영어에는 한국어 모음 "으" 소리가 없다고 생각하면 편하다. 하지만 한국어에서는 자음만으로 실현되는 소리가 적어서 대부분 자음 뒤에 기계적으로 "으" 소리를 붙이게 된다. 핸드hand, 샌드sand가 그렇다. 좀 더 그럴듯한 발음을 위해서라면 핸ㄷ, 샌ㄷ로 "으" 소리를 빼면 된다.

언제부터인지 사이다가 사라지고 스프라이트가 대신 자리를 채우고 있는 것 같다. 마시면 느껴지는 시원한 청량감과 약간의 중독성, 그리고 순간적으로 정신이 확 깨는 각성의 효과도 다소 있는 듯하다. 다른 많은 마실 것들이 그러하듯, 스프라이트도 사람의 정신을 건드리는 효능이 있는 것 같다. 그런데, 스프라이트는 이름 자체가 이미 인간의 정신과 영혼을 의미하는 단어와 관계가 있다.

인간의 영혼, 정신을 의미하는 단어는 spirit이다. 인간과 동식물에 내재한 생명의 정수 같은 것을 의미하는 단어다. spirit은 영혼, 정신, 혹은 유령과 같은 심리적 현상을 의미하지만 맥락에 따라서 요정이나 정령 등과 같은 활동력 있는 대상으로 해석되기도 한다. 『피터팬』에 등장하는 팅커벨처럼 정신의 순수가 응축되어 인격체처럼 활동하는 것이다. 그러다 보니, spirit은 사람의 사기나 기운, 기분을 의미할 때도 있다.

에스프리esprit라는 말은 프랑스식 단어이지만 영어에서도 그대로 차용해서 쓴다. 똑같이 spirit을 의미하지만, 에스프리라고 할 때는 동식물과 같은 생명체 안에 내재한 활발한 활동력vivacity이 더 강조된 편이다. 에스프리에 활동력이 넘치기 위해서는 스피릿이 충분해야 한다.

sprightly는 spirit이 넘친다는 말처럼 쓰인다. spirit의 스펠링을 생각하면 spritely로 가야 하지만, 16세기에는 sprightly가 더 보편적인 스펠링이었다고 한다. 그래서 '활발하다', '왕성하다', '활력이 넘치다'라는 sprightly의 의미를 고스란히 담아서, 현재는 청량감 넘치는 음료수의 이름이 되었다. 스프라이트Sprite. 1음절로 읽어야 한다.

인간의 정신과 영혼은 호흡과 밀접한 관계를 갖고 있다. 성경에서 하느님이 인간을 창조할 때, 마지막 단계에서 숨을 불어넣었다고 한다. 그때야 비로소 영혼과 정신을 갖게 되며 온전한 인간으로 탄생하게 된 것이다. 숨을 불어넣는 것은 inspire다. 숨, 혹은 영혼spirit을 안으로in- 불어넣는 것이다. inspire는 그래서 창조라는 행위와 관계가 깊다. 창조자들, 예술가들의 행위에 항상 영감inspiration이 중요한 문제가 되는 것은 당연해 보인다. inspire는 그래서 '영감을 주다', '영감을 불어넣다'는 뜻으로 사용된다.

1924년 초현실주의 선언을 주도했던 앙드레 브르통에 따르면 영감은 일종의 리듬이다. 여러 가지 생각이 하나의 작품이 되는 것은 영감의 숨결에 의한 것이라고 한다. 어떤 리듬이건 모두 인간의 호흡의 리듬을 가장 기본적인 바탕으로 한다. 그런 의미에서, 브르통은 영감과 호흡의 관계를 매우 직관적으로 이해하고 있었던 아주 영적인 예술가였다고 할 수 있겠다.

inspire에서 숨을 불어넣는 의미가 있었던 것처럼, 인간의 영혼spirit은 곧 숨과 호흡이기도 하다. '숨 쉬다'라는 뜻의 영어 단어는 breathe가 있지만, respire라고도 한다. 한국어로도 '숨 쉬다'와 '호흡하다'라는 말이 별개로 있는 것처럼 뉘앙스도 역시 그렇게 구분된다고 보면 될 것 같다. 호흡은 반복이다. 들숨과 날숨, 호와 흡이 끊임없이 반복되어야 생명을 유지할 수 있다. 반복해서 숨을 쉬기 때문에, respire는 '반복'을 의미하는 접두사 re-와, '숨 쉬다'라는 뜻의 spirare가 결합된 말이다. respiratory라고 하면 '호흡기 관련'이라는 뜻이라고 할 수 있는데, 살짝 전문적인 단어처럼 보인다. 병원 안내 표지판에서 종종 볼 수 있다.

　누군가 깊은 한숨을 쉬면 흔히 "땅 꺼지겠다"라고 말하기도 한다. 깊은 한숨은 어떻게 아래라는 운동과 관계를 맺게 되었을까? 사실 "깊다"라는 말 자체가 아래라는 공간을 전제로 한 표현이기 때문에 깊은 한숨은 아래와 관계가 있다고 할 수 있다. 그리고, 한숨을 쉬면 몸 자체도 아래로 처지게 된다. 물리적으로 인간의 육체가 아래를 지향하게 되는 것이다. suspire는 말 그대로 아래로sus- 숨 쉰다spirare는 뜻이다. sus-(sub-)는 아래를 의미하는 유명한 접두사다. 지하철subway, 잠수함submarine, 아래로 매달리기 suspend 등의 단어에 등장한다.

　히치콕 감독의 영화를 말할 때 늘 빠지지 않는 수식어 중 하나가 suspense다. '아래로 매달아 놓다'라는 뜻의 suspend의 명사형이다. 아래로 매달아 놓는 것과 서스펜스라는 느낌은 어떤 관계가 있는 걸까? 간단하다. 아주 가느다란 줄에 매달린 채 흔들리는 커다란 도끼 아래 사람이 서 있다고 상상해 보자. 줄이 언제 끊어져서 도끼가 떨어질지 모른다. 그 아래 서 있는 사람이 느끼는, 혹은 그 광경을 보는 사람이 느끼는 감정과 불안이 바로 서스펜스suspense다.

숨 쉬는 것이 빨라지면 땀이 흐른다. 운동을 하면 숨 쉬는 것이 땀 흘리는 것과 얼마나 가까운지 알 수 있다. 땀은 피부의 땀샘을 통해서 흐른다. 단순하게 본다면 피부를 뚫고 땀이 흘러나오는 것이다. '땀을 흘리다'라는 뜻의 perspire는 그래서 '통과하다'는 뜻의 per와 숨spirare이 결합된 말이다. 명사형으로 perspiration은 종종 '땀'을 의미하는 sweat의 유식한 말처럼 사용되기도 한다.

숨 쉬는 것은 생명 활동의 핵심이다. 숨이 멎으면 생명도 끝이다. 사람의 마지막 숨은 날숨이다. 몸 안의 호흡이 마지막으로 빠져나간다. 밖으로ex- 호흡이spirare 나가는 것, 그래서 expire는 '죽다'라는 뜻으로도 쓰인다. 좀 더 문학적으로 본다면, 육체 속에 있던 인간의 영혼spirit이 밖으로 나가는 것으로도 해석할 수 있다. 많은 경우 expire는 어떤 유효 기간이 지나는 것을 의미한다. 여권이나 신용 카드에 적혀 있는 날짜는 expiration date일 것이다. 만료되기 전에 갱신renew하는 것은 여러모로 편리하다.

conspire는 어떤 계획이나 음모를 꾸민다는 뜻을 갖고 있다. 시대가 흉흉할 땐 항상 어딘가에서 음모 이론conspiracy theory이 등장한다. 1997년에 멜 깁슨과 줄리아 로버츠가 함께 주연했던 〈컨스피러시Conspiracy Theory〉라는 영화가 있었다. 20세기가 끝나가는 시점에서 우리가 살고 있는 세계의 진위에 대한 음모 이론을 다룬 영화들은 상당히 많았다. 데이비드 핀처의 〈더 게임〉, 피터 위어의 〈트루먼 쇼〉, 워쇼스키 자매의 〈매트릭스〉, 조세프 루스낵의

〈13층〉 등이 현실 세계와 가상 세계 혹은 위장된 세계에 대한 거대한 음모를 주제로 한 영화들이었다. 뭔가를 꾸미고 계획하려면 숨 쉬는 것도 함께해야 한다. conspire는 함께con 숨 쉰다spirare는 뜻이다. 오직 한 사람을 대상으로 나머지 모든 사람들이 배우처럼 연극한다.

영화 〈트루먼 쇼〉는 한 아이의 탄생부터 이후의 삶을 몰래카메라로 찍는 리얼리티 티브이 쇼라는 소재를 담고 있다. 미혼모의 아이로 방송국에 입양된 트루먼은 태어나는 순간부터 부모와 친구 그리고 부인까지 모두가 배우들이었다. 트루먼이 매 순간 느끼고 표현하는 꾸밈없는 진실된 모습을 보여 준다는 리얼리티 쇼이지만, 주변 사람들 모두는 배우들이었고, 그들은 방송국이 원하는 특정한 트루먼의 감정을 끌어내기 위해 애쓴다. 당연히 트루먼은 자신이 살고 있는 세트장이 진짜 세상인 줄 알고 있다. 하지만 촬영 중에 NG가 나기도 하는 것처럼, 점점 의심스러운 사건들이 벌어지고, 결국 트루먼은 모든 사람들이 자기를 속이고 있음을 확인하게 된다. 그리고 세트장을 벗어나려고 분투하는 트루먼의 모습은 이름 그대로 자유를 찾으려는 진정한true 인간man의 모습을 연상하게 한다.

영화는 트루먼이 달에서도 보일 만큼 거대한 방송국 세트장을 탈출해서 진짜 세계로 나가는 감동적인 결론을 보여 주지만, 세트장 바깥의 세상 역시 세트장만큼이나 거짓과 기만과 허위로 가득 차 있다는 메시지는 오히려 더 인상적으로 기억된다.

애니메이션은 정지된 사진이나 그림에 움직임을 불어넣는 예술이다. animation의 ani-는 spirare처럼 '숨 쉬다', '숨을 불어넣다'는 뜻이다. 고대에 오래된 나무나 바위, 돌에 정신이 스며들어 있다고 믿었던 신앙 체계를 애니미즘animism이라고 부르는 것은 거기에 생명과 영혼이 있다고 믿었기 때문이다. 애니미즘, 애니메이션은 아니무스animus와 동일한 어원을 갖고 있는 단어다.

스위스의 정신 분석학자 카를 구스타프 융에 의해 유명해진 아니무스animus라는 단어는 '영혼', '정신'을 의미한다. 보통은 아니마anima, 아니무스animus로 짝을 이루어 사용되는 개념이다. 아니마는 남성 속의 여성성, 아니무스는 여성 속의 남성성으로 설명된다. 주역에서 사용하는 태극의 문양에 물고기의 눈처럼 찍혀 있는 작은 원은 이런 양중음, 음중양을 의미하는데, 융의 아니마, 아니무스의 관계도 이와 비슷하다.

sprite 요정, 정령

예문: The fairy tale featured a mischievous sprite.

그 동화에는 장난기 많은 요정이 등장했다.

동의어: fairy, elf

spirit 정신, 영혼

예문: Her spirit remained unbroken despite the hardships.

그녀의 정신은 어려움에도 불구하고 꺾이지 않았다.

동의어: soul, essence, vitality

반의어: body

esprit 에스프리, 활발함, 정신

예문: The team had a great esprit de corps, working well together.

팀은 훌륭한 단결력을 보여 주며 잘 협력했다.

동의어: morale, enthusiasm, camaraderie

반의어: apathy, discord

sprightly 활발한, 활기찬

예문: The old man was surprisingly sprightly for his age.

그 노인은 나이에 비해 놀라울 정도로 활기찼다.

동의어: lively, energetic, vigorous

반의어: sluggish, lethargic, feeble

inspire 영감을 주다, 숨을 불어넣다

예문: The beauty of nature inspired her to paint.

자연의 아름다움이 그녀에게 그림을 그릴 영감을 주었다.

동의어: motivate, stimulate, spark

반의어: discourage, dissuade, deaden

respire 호흡하다

예문: Plants respire during the night, just like humans.

식물은 인간처럼 밤에 호흡한다.

동의어: breathe, inhale, exhale

반의어: suffocate, choke

suspire 깊은 한숨을 쉬다

예문: She suspired deeply, thinking of the difficult task ahead.

그녀는 앞으로의 어려운 일을 생각하며 깊은 한숨을 쉬었다.

동의어: sigh, exhale

suspend 매달다, 유보하다

예문: The chandelier was suspended from the ceiling.

샹들리에가 천장에 매달려 있었다.

동의어: hang, delay, postpone

반의어: resume, continue

suspense 서스펜스, 긴장감

예문: The movie kept the audience in suspense until the very end.

그 영화는 끝까지 관객을 긴장하게 했다.

동의어: tension, anxiety, anticipation

반의어: certainty, resolution, calm

perspire 땀을 흘리다

예문: He began to perspire heavily after the long run.

그는 긴 달리기 후에 땀을 많이 흘리기 시작했다.

동의어: sweat, exude

expire 만료되다, 죽다

예문: His driver's license will expire next month.

그의 운전면허증은 다음 달에 만료될 것이다.

동의어: terminate, lapse, perish

반의어: renew, continue, begin

conspire 음모를 꾸미다

예문: They conspired to overthrow the government.

그들은 정부를 전복하려는 음모를 꾸몄다.

동의어: plot, scheme, collude

반의어: cooperate, support, aid

inspiration 영감

예문: The artist found inspiration in the beauty of the mountains.

그 예술가는 산의 아름다움에서 영감을 얻었다.

동의어: stimulus, motivation, insight

반의어: discouragement, dullness

animism 애니미즘, 무생물에도 영혼이 있다고 믿는 신앙

예문: Animism is a belief that objects and natural phenomena have a spirit.

애니미즘은 물체와 자연 현상에 영혼이 있다고 믿는 신앙이다.

동의어: spiritualism(비슷한 맥락)

반의어: materialism, atheism

animus 영혼, 정신, 적대감

예문: He held no animus towards his former rival.

그는 그의 옛 라이벌에 대해 아무런 적대감이 없었다.

동의어: hostility, ill will, enmity

반의어: goodwill, affection, friendliness

anima 아니마, 남성 속의 여성성

예문: Jung believed that anima represents the unconscious feminine side in men.

융은 아니마가 남성 안에 있는 무의식적인 여성성을 나타낸다고 믿었다.

vivacity 활기, 활발함

예문: Her vivacity made her the center of attention at the party.

그녀의 활기 덕분에 파티에서 그녀는 주목을 받았다.

동의어: liveliness, energy, exuberance

반의어: dullness, listlessness, sluggishness

06

야생 난wild orchid의 향기는
숲에 홀로 피어도 에로틱하다

고환testis과 궤도orbit

지구 주위를 돌고 있는 인공위성들은 저마다의 궤도가 있다. 궤도를 따라 회전하는 것을 보통 orbit이라고 한다. '궤도'라는 명사로도 쓰이고 '궤도를 따라 돌다'라는 동사로도 쓰인다. orbit은 '둥그런 구체'를 의미하는 orb와 '가다'라는 뜻의 it가 결합된 말로 볼 수 있다.

it-가 '가다'는 뜻으로 사용되는 단어는 생각보다 쉽게 찾을 수 있다. '송금하다'라는 뜻의 remit, '배기가스 등을 배출하다'라는 뜻의 emit, '통과하다', '보내다'라는 뜻의 transit 등의 단어에서 it는 '가다', '이동하다'라는 뜻이다. 여행을 떠날 때는 여행 일정표가 중요하다. 여행 일정표는 어디를 갈 것인가를 순차적으로 정리해 놓은 것이다. 그런 일정표를 itinerary라고 부르는 것은 역시 it가 간다는 뜻을 갖고 있기 때문이다.

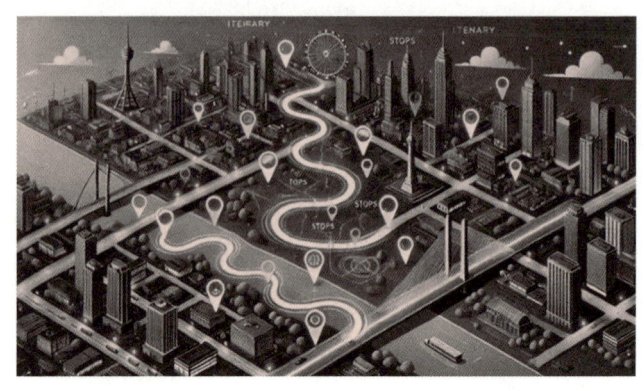

　‘구체’를 의미하는 orb와 ‘가다’라는 뜻의 it가 결합해서, ‘둥글게 회전하다’, ‘궤도를 돌다’라는 의미가 되었다. orb는 그 자체로 유리구슬 등을 의미하는 단어로 사용되기도 한다. 특히, 크리스마스 때면 등장하는 눈 내리는 유리구슬이 대표적이다.

　orb를 어원으로 하는 말에는 ‘난초’를 의미하는 orchid도 있다. 난초의 뿌리가 동그란 구체 모양으로 생긴 데서 비롯되었다고 한다. 좀 더 적나라하게 말한다면 여기서 말하는 둥근 구체는 남자의 고환을 의미한다. orchid는 그리스어로 ‘남성의 고환’을 의미하는 orkhis에서 유래했다. 직접적으로 남성의 고환은 ball이라고 부르기도 한다. 어쨌거나 둥근 구체의 모양을 의미하기 때문이다.

　1989년 〈와일드 오키드 Wild Orchid〉라는 영화가 있었다. 당시 에로틱한 영화로 유명했던 잘만 킹 감독의 작품이다. 아주 잘생기고 섹시했던 배우 미키 루크의 젊은 시절 모습을 볼 수 있는 영화다. 영화가 만들어지고 난 후 한참이 지난 90년대에야 볼 수 있었지만, 왜 제목이 야생 난이었는지는 사실 잘 이해되지 않았다. 단지 남녀의 야성적인 욕망을 상징하는 단어로 오키드보다는 와일드에 더 방점을 찍어서 이해했었다. 와일드wild라는 단어 때문에 영화는 뭔가 야성적이고 본능적인 것과 밀접한 내용이 있을 것으로 생각했기 때문이다.

하지만 오키드의 어원이 남성의 생식기와 깊은 관련이 있다는 것을 생각해 볼 때, 와일드만큼이나 오키드orchid에도 매우 중요한 성적인 의미가 있었던 것이다. 말 그대로, '야성적인 고환'이라는 뜻이다. 나름대로 근사하고 우아한 느낌의 은유적인 제목이라고 생각했었는데, 오키드의 어원을 알고 보니, 제목이 매우 직설적인 것이었던 셈이다. 야성적인 고환이라니.

고환이라는 단어는 생각보다 훨씬 더 일상 가까운 곳에 있다. 특히 교회를 다니고 있다면 더욱 그렇고, 아보카도를 좋아한다 해도 그렇다. 성경은 『바이블*The Bible*』이다. 바이블이라는 말의 어원은 보통 '책'을 의미하는 biblion에서 왔고, biblion은 당시 이집트의 파피루스를 그리스로 수출하던 항구 Byblos에서 유래한 것으로 파악된다. 옛날에는 나무껍질 등과 같은 곳에 글을 썼다. 그러다 보니 '나무껍질' 등을 의미하는 단어 libre에서 '도서관'을 의미하는 library가 파생되기도 했다. '나무껍질'을 의미하는 libre가 현대 영어에서 '나뭇잎'을 의미하는 leaf과 비슷한 것은 매우 분명한 증거라고 할 수 있을 것이다.

성경은 보통 「구약Old Testament」과 「신약New Testament」으로 나뉜다. 영어에 사용된 Testament는 왠지 시험 볼 때의 test와 관계가 있을 것처럼 보인다. 사실 그렇다. 시험test은 자신이 알고 있는 지식과 지혜를 증명하는 것처럼, testament는 하느님의 진리를 증명하는 것을 의미한다. 어원의 의미는 유언을 남기거나, 증인이 되는 것을 의미한다. 어원이 되는 testis는 그 이전에 tri-st-i의 단어에서 파생된 것으로 여겨지는데, 여기에는 제3자라는 의미가 포함되어 있다. tri-는 영어의 three에 해당되며, 제3자로서 공정한 증인이 된다는 뜻으로 해석할 수 있다.

어쨌거나, 이 testament는 결론적으로 일종의 확인과 증명이라는 의미가 핵심에 깔려 있는 것이다. 그래서, 남성임을 확인하는, 남성임을 증명하는 것으로서 고환testicle의 의미로까지 확장된 것으로 설명한다. 물론, 여기에는 옛날 사람들이 맹세를 할 때, 자신의 가슴에 손을 얹고 하지 않고, 자신의 고환을 잡고 했었다는 설까지 생각해 보면, testament와 고환의 관계는 더욱 그럴듯해진다.

남성 호르몬을 의미하는 테스토스테론testosterone은 의학 분야에서 사용하는 전문 용어지만, 일상에서도 자주 언급되는 단어가 되었다. 남성 호르몬이라는 의미이기 때문에 당연히 testicle을 의미하는 testis-가 이 단어의 핵심이다. 점점 운동을 과학적으로 접근하는 사람들이 많아지면서 일상적인 단어가 된 것 같다.

아보카도avocado는 점점 수요가 많아지고 있는 과일이다. 아보카도는 advocate라는 말과 동일한 어원을 갖고 있는데, '누군가의 대변인' 혹은 '변호사'를 의미한다. vocate-라는 말은 vocal 즉, 사람의 말과 관련된 단어라고 할 수 있다. 그래서, 누군가를 대신해서 말한다는 의미로 '대변인', '수호자'라는 뜻의 advocate과 비숫한 말이다.

그런데, 또 다른 두 번째 어원설로는 아보카도가 아즈텍어로 '고환'을 의미하는 아후아카틀ahuakatl에서 유래했다는 것이다. 아마도 과일의 생김새가 남성의 고환과 비슷해서 그런 이론이 생겨난 것으로 보인다. 오키드orchid의 경우도 그렇고, 아보카도의 경우도 그렇고 모두 생김새의 유사성에서 어원이 설명되는 재미있는 사례라고 할 수 있겠다.

어떤 것의 정도나 상태가 정상을 벗어나 과하게 심한 경우, 영어로 exorbitant라고 한다. '터무니없다'는 뜻이다. exorbitant는 '바깥'을 의미하는 ex-와 '궤도'를 의미하는 orbi-로 구분해서 살펴보면 쉽다. 어떤 것이 정상적으로 돌고 있는 궤도를 벗어난 것이기 때문이다. 직관적으로 볼 때, 보통의 상태나 정상적인 상태, 평균 등의 개념은 중심으로 가까운 것으로 표현된다. 바깥에 가까워질수록 중심에서 멀어지고, 점점 주변부marginal에 속하게 된다.

어떤 문화나 사회에서 정상성은 대부분 이 중심 부분을 의미한다. 그래서 중심을 벗어나면 이상한 것이 되거나, 특별한 것이 된다. 그런 의미에서 eccentric 역시도 '괴짜 같은'이라는 의미를 갖게 된다. 역시 중심center에서 벗어나e(c) 있기 때문이다.

'주변'이라는 뜻의 margin은 흔히 책의 여백과 같은 빈 공간을 의미한다. 어떤 범위 바깥의 여지를 의미하기 때문에 경제 활동에서는 원가를 뺀 이윤을 마진margin이라고 하기도 한다. 사회 문화적으로 중심 문화에서 벗어나 주변부화되는 것을 marginalize 된다고 한다. 사회 문화는 늘 중심 문화와 주변 문화와의 투쟁의 연속이다. 중심 문화의 아성은 무너뜨리기 어렵게 느껴지지만, 때가 되면 주변 문화가 중심 문화가 되기도 한다. 기존의 관습과 체제 질서를 전복시키는 전위의 문화가 다시 기존의 전통이 되는 것과 비슷하다.

emit 방출하다, 내뿜다

> 예문: The factory emits harmful gases into the atmosphere.
>
> 공장은 유해한 가스를 대기 중으로 방출한다.
>
> 동의어: discharge, give out, issue
>
> 반의어: take in

transit 통과, 운송, 이동

> 예문: The goods are currently in transit to their destination.
>
> 물품은 현재 목적지로 이동 중이다.
>
> 동의어: passage, travel
>
> 반의어: hold, stagnation

itinerary 여행 일정표

> 예문: She planned an extensive itinerary for her trip to Europe.
>
> 그녀는 유럽 여행을 위한 세부 일정표를 계획했다.
>
> 동의어: schedule, travel plan

orb 구체, 구

예문: The moon looked like a glowing orb in the night sky.

달은 밤하늘에서 빛나는 구체처럼 보였다.

동의어: sphere, globe

orchid 난초

예문: She received a beautiful orchid as a gift.

그녀는 아름다운 난초를 선물로 받았다.

testament 증언, 유언, 성경

예문: His will is a testament to his love for his family.

그의 유언은 가족에 대한 사랑의 증거이다.

동의어: proof, will

testicle 고환

예문: Testicles are an essential part of the male reproductive system.

고환은 남성 생식계의 중요한 부분이다.

testosterone 테스토스테론(남성 호르몬)

예문: Testosterone levels can affect a man's energy and mood.

테스토스테론 수치는 남성의 에너지와 기분에 영향을 미칠 수 있다.

avocado 아보카도

예문: Avocados are rich in healthy fats and vitamins.

아보카도는 건강에 좋은 지방과 비타민이 풍부하다.

advocate 옹호하다, 대변하다, 변호사

예문: She advocates for environmental protection.

그녀는 환경 보호를 옹호한다.

동의어: support, defend

반의어: oppose, contest

exorbitant 과도한, 터무니없는

예문: The price of the car was exorbitant.

그 자동차의 가격은 터무니없이 비쌌다.

동의어: excessive, unreasonable

반의어: reasonable, moderate

eccentric 별난, 괴짜 같은

예문: His eccentric behavior made him stand out in the community.

그의 괴짜 같은 행동은 그를 공동체에서 두드러지게 만들었다.

동의어: unconventional, peculiar

반의어: conventional, ordinary

margin 가장자리, 여백, 마진

예문: He wrote notes in the margin of the book.

그는 책의 여백에 메모를 썼다.

동의어: edge, border

반의어: center, core

marginalize 주변화하다, 소외시키다

예문: Many people feel marginalized by the dominant culture.

많은 사람들이 지배적인 문화에 의해 소외감을 느낀다.

동의어: alienate, isolate

반의어: include, integrate

07

백화점department store에서 만난
빨치산partisan

빨치산partisan과 입자particle

빨치산은 전후 한국 문학에 자주 등장하는 단어 중 하나다. 빨치산에서 빨갱이가, 빨갱이에서 붉은색이, 그리고 그 붉은색은 종종 공산주의와 기계적으로 연상되는 연쇄적인 관계를 만들었다. 하지만 빨치산의 '빨'은 빨간색과 관계가 없다. 빨치산은 영어와 프랑스어에서 사용되는 파르티잔partisan을 한국식으로 단순하게 발음한 것이기 때문이다.

빨치산이라는 단어는 종종 게릴라 등의 단어와 비슷하게 이해된다. 사전적 의미로는 '비정규군'을 의미한다. 한국 전쟁을 겪으면서 빨치산이라는 단어는 빨갱이라는 이념이 충전된 단어로 와전되고, 빨-이라는 단어 하나로 특정 이념은 항상 붉은색을 연상하게 되었다. 빨치산은 프랑스어, 더 거슬러 올라가서는 이탈리아어 partezan에서 유래한 말이다. 어떤 조직이나 단체를 열성적으로 지지하는 소규모 그룹을 의미한다.

조직의 분파, 혹은 조직의 일부라는 뜻에서 '부분'이라는 의미가 있다. 핵심은 part라고 할 수 있다. 단순하게 나와 짝을 이루는 동료, 파트너partner도 관계가 있는 말이다.

생일 파티, 졸업 파티, 총각 파티, 한국에서도 이젠 파티 문화가 낯설지 않다. 파티party는 여러 사람이 한자리에 모여서 다과와 술, 혹은 담소나 춤을 즐기는 문화라고 할 수 있다. 그러기 위해서는 어느 정도의 사람들이 모여서 그룹을 이룰 수 있어야 한다. 그렇게 구성된 사람들의 무리를 party라고 한다. 행사나 이벤트를 의미하는 파티이기도 하지만, 그 이전에 사람들로 구성된 모임이라는 뜻이 더 중요하다.

식당에 들어갈 때, 보통 일행이 몇 명이냐고 묻는데, 그때 일행에 해당하는 말도 party라고 한다. 사람들이 모여 있다는 것은 대부분 비슷한 뜻을 갖고 있다는 말이다. 특히 사회 정치적인 의견이 비슷한 사람들이 모여 있을 때, 그것은 일종의 정치적인 모임이 될 수 있다.

정당도 party라고 한다. '정당'이라는 뜻의 party를 형용사처럼 사용하면 partisan이 된다. 말 그대로 '정파적인', '정당의 이념을 지지하다'라는 뜻이 된다. 동시에 명사처럼 사용한다면 '그 정당의 이념이나 주장을 지지하고 동조하는 사람'이라는 뜻으로도 쓰인다.

정당제를 실시하는 곳에서는 여러 군소 정당이 존재할 수 있지만, 두드러진 정치적인 목소리를 내는 것은 대개 2-3개 정당의 대립 구도로 이루어진다. 미국의 경우, 민주당과 공화당이, 영국에서는 노동당과 보수당의 대립으로 정국이 형성된다. 양당 구도는 주도적인 당이 둘 있기 때문에 가능하다. 그래서 bipartisan은 '양당 체제의', '양당 구조의'라는 의미로 사용된다. bi-는 둘을 의미하고, partisan은 당파적인 것을 의미하는 형용사로 쓰인다.

자신이 지지하는 정당을 응원하는 당파심은 partisanship이라고 한다. -ship은 '뭔가를 만들다', '창조하다'라는 뜻으로 사용된 어원이다. '어떤 형태를 구성하다', '모양을 만들다'라는 뜻의 shape와 어원적으로 관계가 있다. -ship이 결합된 단어는 구체적인 사물을 의미하는 명사와 결합해서 어떤 추상적인 의미를 부여하는 기능이 있다. 친구와의 우정이 friendship이 되고, 회원들의 자격 등이 멤버십membership이 되는 것과 비슷하다. 스포츠맨십sportsmanship, 파트너십partnership의 의미도 모두 비슷한 방식으로 유추할 수 있다.

백화점은 수많은 상점들이 한데 모여 있는 일종의 시장이다. 층별로 구분되어 있고, 각 층은 다시 수십 개의 매장으로 나눠져서 비슷하지만 서로 다른 물건을 판매한다. 어떤 상품을 파는가에 따라서 작은 구역으로 구분되어 있다. department는 '나누다', '구분하다'라는 뜻의 라틴어 departire에서 유래했다. 부분part으로 나눈다는 의미로 이해할 수 있다.

part는 '부분', '일부'라는 뜻이다. 원래는 pere-라는 단어에서 파생되었는데, pere-는 할당하거나 나눠 준다는 뜻이 있었다. 뭔가를 나눠 주려면 당연히 그것을 작은 부분으로 잘라야 하기 때문에 의미상 연관이 생겼을 것이다.

part는 전체가 아닌 일부분을 의미한다. 형용사로 쓰면 partial(부분적인)은 '공평하지 않다'라는 뜻으로도 쓰인다. 전체가 아닌 부분에만 해당한다는 뜻이기 때문에 편파적이라는 의미와도 통한다. 그래서 앞에 부정 접두어 im-을 쓰면 impartial, '편파적이지 않다', '공평하다'는 뜻이 된다. ex parte라고 쓰면 어느 한쪽에 일방적으로 치우친다는 의미로 사용된다. 주로 법률적인 맥락에서 많이 사용된다. 한쪽만의 이익이나 주장에 기울어졌다는 뜻이다.

어느 것이건 부분을 아주 잘게 쪼개면 작은 원자atom보다 작은 입자particle가 된다. 스위스와 프랑스 국경 사이에 위치해 있는 유명한 유럽입자물리연구소(CERN)는 다양한 에너지 물리학을 연구하고 또 성과를 이뤄 낸 국제적 물리학 연구소라고 한다. 여기서 만들어진 입자 가속기 싱크로사이클로트론synchrocyclotron을 통해 여러 가지 다양한 획기적인 물리학적 실험이 이루어졌다.

입자 가속기를 통해 얻은 물리학적 성과는 이해하기 어렵지만, 입자 가속기의 이름이 갖고 있는 의미는 나름 추정해 볼 수 있다. 아마도 이 장치는 동시에 입자를 회전시키는 운동과 관련이 있을 것이다. synchro-는 동시 동작성을 의미하는 접두어다. 어떤 것의 상태나 질 혹은 공간적으로 함께 있는 것을 의미하는 syn과 시간을 의미하는 chro로 구성되어 있다.

cyclo-는 태풍의 바람이 움직이는 것처럼 거대한 회전, 혹은 원운동을 의미한다. 태풍이 회전하는 원의 반경을 태풍의 눈이라고 부른다. 하늘에서 내려다보면 정말 커다란 하나의 눈과 같다. 지금은 높은 해상도의 기상 사진을 통해 더욱 선명하게 확인할 수 있다. 그래서 태풍을 의미하는 cyclone의 어원이 그리스 신화에 등장하는 외눈박이 거인 키클롭스(싸이클롭스)와 관계가 있는 것은 정말 절묘해 보인다. cyclone이 담고 있는 회전과 거대한 원형이라는 의미는 싸이클롭스Cyclops에서 하나의 거대한 둥근 눈을 의미하는 말로 사용된다.

지상에서 체감하는 바람은 항상 특정한 방향으로 부는 것처럼 느껴진다. 그런데, 태풍이 하나의 거대한 원을 그리면서 움직인다는 사실을 옛날 사람들은 어떻게 파악할 수 있었는지 신기할 따름이다. -tron은 그리스어로 도구를 의미하는 접미사로 사용되는데, 특히 전자electron나 아원자subatomic particle와 관계가 있을 때 사용되는 말이다.

알고리즘 voca

partisan 당파적인, 열렬한 지지자

예문: He is a partisan supporter of the Democratic Party.

그는 민주당의 열렬한 지지자이다.

동의어: supporter, follower

반의어: nonpartisan, impartial

nonpartisan 당파에 속하지 않는, 공정한

예문: The judge must remain nonpartisan throughout the trial.

판사는 재판 내내 공정해야 한다.

동의어: unbiased, impartial

반의어: partisan, biased

part 부분, 일부

예문: This part of the city is known for its beautiful architecture.

이 도시의 이 부분은 아름다운 건축물로 유명하다.

동의어: section, piece

반의어: whole, entirety

partner 동료, 파트너

예문: She is my business partner and best friend.

그녀는 내 사업 파트너이자 가장 친한 친구다.

동의어: associate, collaborator

party 파티, 정당, 일행

예문: They organized a surprise birthday party for her.

그들은 그녀를 위한 깜짝 생일 파티를 준비했다.

동의어: group, gathering

bipartisan 양당의, 양당 체제의

예문: The bill received bipartisan support in Congress.

그 법안은 의회에서 양당의 지지를 받았다.

동의어: cross-party, cooperative

partisanship 당파심, 당파성

예문: The debate was marked by extreme partisanship.

그 토론은 극단적인 당파심으로 특징지어졌다.

동의어: bias, loyalty

department 부서, 백화점의 매장

예문: He works in the marketing department of the company.

그는 회사의 마케팅 부서에서 일한다.

동의어: section, division

partial 부분적인, 편파적인

예문: The report provides only a partial view of the situation.

그 보고서는 상황에 대해 부분적인 견해만 제공한다.

동의어: incomplete, biased

반의어: complete, impartial

impartial 공평한, 편파적이지 않은

예문: A good judge must always be impartial.

좋은 판사는 항상 공평해야 한다.

동의어: unbiased, fair

반의어: partial, biased

ex parte 일방적인

예문: The judge made an ex parte decision without hearing the other side.

판사는 다른 쪽을 듣지 않고 일방적인 결정을 내렸다.

particle 입자, 작은 조각

예문: The scientists discovered a new particle during their research.

과학자들은 연구 중 새로운 입자를 발견했다.

동의어: fragment, speck

synchrocyclotron 싱크로사이클로트론(입자 가속기)

예문: The synchrocyclotron was used to accelerate particles for the experiment.

싱크로사이클로트론은 실험을 위해 입자를 가속하는 데 사용되었다.

cyclone 사이클론, 회오리바람, 태풍

예문: The cyclone caused significant damage to coastal towns.

사이클론이 해안 마을에 큰 피해를 입혔다.

동의어: typhoon, hurricane

Cyclops 외눈박이 거인(그리스 신화)

예문: The Cyclops was a fearsome creature with one eye.

키클롭스는 하나의 눈을 가진 무서운 생명체였다.

08

자본주의capitalism가 체육관gym에서 이두근biceps을 키운다

캡틴captain과 머리cap-

오, 선장님, 나의 선장님.
O, captain, my captain.

영문학을 전공하지 않았어도, 이 구절은 꽤 많은 사람들 사이에서 회자되었다. 피터 위어 감독의 영화 〈죽은 시인의 사회〉에서 학교와 갈등을 빚은 책임을 지고 떠나는 키팅 선생.

captain은 명령으로 조직을 리드할 수 있는 사람을 의미한다. 배에서는 선장이고, 군대의 계급으로는 대위에 해당한다. 축구팀이라면 주장이고, 학교에서는 반장이 될 수도 있다. 어디에서든 리더로 역할을 할 수 있다면 캡틴이 될 수 있다.

캡틴은 사람의 신체 부위와 관계가 있다. 바로 머리다. cap-은 '머리'를 의미하는 접두어라고 할 수 있다. 자체로 단어가 되기도 한다. cap은 '챙이 있는 모자'를 의미한다. '자본'을 의미하는 capital, '변덕'을 의미하는 caprice, 교수형capital sentence, capital punishment, 요약을 되풀이하기recap 등은 모두 '머리'라는 의미와 직간접적으로 관계된 단어들이다.

목 뒤에 두르는 망토는 cape라고 한다. 사람의 목덜미는 nape라고 하는데, 아마도 머리와 목덜미에 두르는 천이라는 의미에서 cape라고 했을 것으로 추측한다. cape라는 말은 해안에 툭 튀어나온 육지 지형을 의미하기도 한다. 마치 머리를 내밀고 있는 것처럼 보여서 cape라고 부른 것 같다.

1962년의 원작을 1991년 마틴 스코세이지가 다시 리메이크한 영화 〈Cape Fear〉는 공포스러운 사건이 벌어지는 장소의 명칭으로 사용되었다.

대문자는 upper-case letter, 혹은 capital letter라고 하는데, 영어 단어의 첫 글자, 곧 단어의 머리에 해당하는 글자는 크게 쓰기 때문이다. 소문자는 lower-case letter라고 한다. upper-case, lower-case는 사실 글자의 모양과는 관계가 없는 말이다. 식자공들이 활자를 직접 찾아서 조판을 만들던 시기, 대문자의 활자는 높은 선반에 있었고, 소문자의 활자는 낮은 선반에 있었다. 그래서 높은 곳에 위치한 활자라는 뜻의 upper-case는 식자공들 사이에서 대문자 활자를 의미하는 것으로 사용된 것이다. 이후, upper-case, lower-case는 대문자와 소문자를 지칭하는 말이 되었다.

드라마의 전편 내용을 다시 한번 요약해 보여 주는 것은 recapitulate라고 한다. 줄여서 recap라고 하는데, 핵심이 되는 부분, 곧 머리에 해당하는 것, 한국어로 한다면 꼭지에 해당하는 것만 다시re- 간략하게 정리해 주는 것이다.

capital은 '자본'이라는 말로도 사용된다. 아마도 과거에 개인이 소유하고 있는 재산이 소유하고 있는 가축의 수와 연관되어 있기 때문에 생긴 것이 아닐까. 소나 말 등의 가축 떼를 의미하는 cattle 역시도 cap-과 동일한 어원을 갖고 있다. 자본주의 사회는 capitalist society라고 한다.

카를 마르크스의 『자본론The Capital』은 비단 경제학을 전공하는 사람들뿐만 아니라 인문 사회에 관심 있는 사람들에게 많은 영향을 끼쳤다. 자본주의는 capitalism이라고 한다. capital은 '자본'이라는 뜻으로 사용되고, 많은 금융 기업들과 사채 기업들의 이름에는 캐피탈이라는 말이 자주 쓰인다. 그만큼 돈과 직결된 단어다.

과거에 가장 큰 자본은 동물이었다. 특히 소나 말과 같이 큰 가축들은 부유하고 풍족한 삶을 영위하는 데 필수적이었을 것이다. 한국에서 동물은 그냥 한 마리, 두 마리라고 세지만, 더 구체적으로 큰 가축들은 한자로 머리 두頭 자를 써서 10두, 20두 등의 단위로 센다. 머리가 중요한 역할을 차지하는 것은 서양에서도 비슷했던 것 같다. 자본이라는 말의 capital은 머리를 뜻하는 cap-에서 생겨난 말이다. 소나 말의 떼를 cattle이라고 하는데, 역시 머리를 의미하는 cap-이 생겨난 어원과 관계 있는 말이다.

범죄에 대한 응징과 처벌을 의미할 때에도 capital은 중요한 의미를 갖는다. 과거에는 범죄자의 머리를 자르는 형벌이 있었다.

머리를 자른다는 말은 behead라는 단어가 있지만, decapitate라는 말도 있다. 머리cap-를 분리de-한다는 말이다. 참혹한 형벌이다. 그래서 capital punishment라고 하면 사형death penalty을 말한다. 범죄자라 할지라도 사람을 죽이는 것은 사람을 죽이는 일이다. 그래서 사법적 살인judicial homicide이라고도 부른다.

cap-이 머리와 관계가 있는 것을 가장 잘 보여 주는 것은 아마도 모자일 것이다. baseball cap이라고 부르는 것은 흔한 챙 달린 모자를 의미한다. 머리에 쓰는 것이니까 cap이라고 부르는 게 이상하지 않다.

어느 조직이나 스포츠 팀에서 리더를 맡고 있는 사람을 captain이라고 부른다. 군대에서의 계급으로 치면 대위에 해당한다. 축구에도 있고, 고등학교 교실에도 있고, 바다를 항해하는 배에도 캡틴은 존재한다. captain은 '머리'를 의미하는 cap-과 '붙잡다', '쥐고 있다'라는 의미의 -tain으로 결합된 말이다. '머리를 잡고 있다'는 뜻이다. 머리는 기본적으로 방향을 정한다. '머리'를 의미하는 명사 head는 '어떤 방향을 향하다'라는 뜻의 동사로도 활용된다. 그만큼 머리는 어떤 방향으로의 조정, 통제를 상징한다고 할 수 있다. 그런 머리를 잡고 있다는 것은 방향타를 잡고 있는 것과 같다. 배의 선장이 하는 역할이 포괄적인 상징이 되어 다른 수많은 조직과 기관에서도 방향을 주도하는 리더의 명칭으로 쓰이게 된 것이다.

'잡고 있다'는 뜻의 -tain은 여러 단어에서 나타난다. 정치적으로 누군가를 구금하거나 억류할 때 detain이라고 한다. 누군가를 아래에de 붙잡고tain 있기 때문이다. 뭔가를 보유하거나, 유지한다고 할 때는 retain이라고 한다.

뭔가를 잡으려면 팔을 쭉 뻗어야 하기 때문에, '연장하다', '늘이다'는 뜻으로도 파생된다. 흔히 긴장한다고 하면 tense라고 하는데, 이 단어 역시 -tain이 '늘이다'는 뜻으로 사용된 경우라고 할 수 있다. 좀 더 정확하게는 extend라고 할 때, 길이를 연장한다는 뜻이다. 바깥으로ex 늘인다tend는 뜻이다.

항구에 가면 흔히 볼 수 있는 컨테이너container는 물건들을 모두 함께con 담고 있는tain 상자와 같은 것들이다. contain은 동사로 사용되어, '포함하다', '담다'라는 의미를 갖고 있다. 물건을 얻는 것은 자기 손으로 잡는다는 말이다. 그래서, obtain은 '획득하다'라는 의미이다. 반대로 얻는 것에서 멀어지는 것은 욕심을 버리는 것과 같다. 절제하고 삼가는 것을 abstain이라고 하는데, 그것은 잡은 것tain으로부터 떨어져ab- 있는 것을 의미한다.

요즘은 균형 잡힌 탄탄한 근육질의 몸을 만들려는 사람들이 부쩍 많아졌다. 체육관에 가면 정말 몸 좋은 사람들이 많은 것을 쉽게 볼 수 있다. 이두와 삼두라는 말은 굳이 운동을 안 하는 사람들도 알 만큼 평범한 단어다. 이두는 biceps, 삼두는 triceps라고 하는데, 근육을 지칭하는 이름에 왜 사람의 머리를 의미하는 "두頭"라는 단어를 사용했을까?

바로 영어가 그렇게 쓰였기 때문이다. biceps는 '두 개'라는 뜻의 bi-와 '머리'를 뜻하는 ceps로 구성된 말이다. ceps는 '머리'

를 의미하는 cap과 동일한 어원을 갖는다. 삼두 역시 '셋'을 의미하는 tri와 '머리'를 의미하는 ceps로 구성되었다. 여기서 '머리'라는 의미는 근육이 생기는 기준점이 두 군데, 혹은 세 군데로 나눠져 있기 때문에 그런 명칭을 붙였다고 한다. 해부학적인 지식을 바탕으로 만든 이름인 셈이다.

그렇다면, 다른 수많은 -ceps로 끝나는 근육 이름들은 쉽게 이해할 수 있다. 근육의 시작점을 표시하는 말과 ceps가 결합되어 있는 것이다.

망토cape는 목덜미에 두른다. 과거 머리까지 가릴 수 있는 망토였지만, 지금은 슈퍼맨이나 배트맨, 닥터 스트레인지의 망토처럼 목덜미를 감싸는 형태로 바뀌었다. 망토 역시 머리cap-를 의미하는 것과 관계가 있는 의복이라고 할 수 있다.

cape는 전혀 다른 의미로도 사용된다. 바닷가에 돌출되어 있는 육지 부분을 곶이라고 하는데, 마치 사람의 머리처럼 튀어나와 있는 지형을 말한다. 남아프리카의 희망봉은 Cape of Good Hope라고 한다.

머리는 심장과 함께 신체에서 가장 중요한 부분이다. 그래서 recapitulate라는 말은 중요한 핵심을 반복한다는 의미를 갖는다. '반복'을 의미하는 re-와 capitulate가 결합한 형태라고 볼 수 있다. capitulate는 '조건이나 항목을 열거하다'라는 의미가 있다. 전부를 다 쓰는 것보다는 중요한 요점만 간추려서 항목을 만드는 것은 중요한 머리 부분만 열거하는 것과 비슷하게 보인다.

captain 선장, 주장, 대위(리더 역할을 하는 사람)

예문: The captain of the soccer team gave an inspiring speech before the game.

축구팀의 주장은 경기 전에 영감을 주는 연설을 했다.

동의어: leader, commander

cap 모자, 덮개

예문: He wore a red cap to protect his head from the sun.

그는 태양으로로부터 머리를 보호하기 위해 빨간 모자를 썼다.

동의어: hat, cover

capital 자본, 수도, 대문자

예문: Tokyo is the capital of Japan.

도쿄는 일본의 수도이다.

동의어: metropolis(수도), investment(자본)

반의어: small letter(대문자에 대한 반대)

caprice 변덕, 일시적인 기분 변화

예문: His decision to quit his job was a mere caprice.

그의 직장을 그만두겠다는 결정은 단순한 변덕이었다.

동의어: whim, impulse

반의어: consistency

capital punishment 사형, 극형

예문: The country abolished capital punishment decades ago.

그 나라는 수십 년 전에 사형을 폐지했다.

동의어: death penalty

반의어: life imprisonment

recap(recapitulate) 요약하다, 다시 요약해서 설명하다

예문: Let me recap the main points from today's meeting.

오늘 회의의 주요 사항을 다시 요약해 보겠습니다.

동의어: summarize, review

cattle 소, 가축

예문: The farmer raised a large herd of cattle.

그 농부는 많은 소 떼를 키웠다.

동의어: livestock, herd

decapitate 참수하다, 목을 베다

예문: The executioner was ordered to decapitate the criminal.

처형인은 범인의 목을 베라는 명령을 받았다.

동의어: behead

반의어: spare(목숨을 살려 주다)

detain 억류하다, 구금하다

예문: The police decided to detain the suspect for further questioning.

경찰은 용의자를 추가 조사를 위해 억류하기로 결정했다.

동의어: hold, confine

반의어: release

retain 유지하다, 보유하다

예문: She managed to retain her composure during the difficult interview.

그녀는 어려운 인터뷰 동안 침착함을 유지했다.

동의어: keep, hold

반의어: lose, give up

abstain 자제하다, 삼가다

예문: He abstained from drinking alcohol for health reasons.

그는 건강상의 이유로 음주를 자제했다.

동의어: refrain, avoid

반의어: indulge

extend 확장하다, 연장하다

예문: The company plans to extend its services to other regions.

그 회사는 서비스를 다른 지역으로 확장할 계획이다.

동의어: lengthen, expand

반의어: shorten, reduce

container 용기, 컨테이너

예문: She used a container to store the leftover food.

그녀는 남은 음식을 보관하기 위해 용기를 사용했다.

동의어: box, holder

obtain 얻다, 획득하다

예문: She managed to obtain the necessary documents for her visa.

그녀는 비자에 필요한 서류를 얻는 데 성공했다.

동의어: acquire, gain

반의어: lose

tense 긴장한, 팽팽한

예문: She felt tense before giving her speech.

그녀는 연설을 하기 전에 긴장했다.

동의어: anxious, nervous

반의어: relaxed, calm

cape 망토, 곶(지형)

예문: Superman is known for his red cape.

슈퍼맨은 빨간 망토로 유명하다.

동의어: cloak(망토), headland(곶)

biceps 이두근

예문: He was proud of his well-developed biceps.

그는 잘 발달된 이두근을 자랑스러워했다.

동의어: upper arm muscle

triceps 삼두근

예문: The triceps are important for pushing movements.

삼두근은 밀기 운동에 중요하다.

동의어: back arm muscle

recapitulate 요약하다, 개괄하다

예문: The professor asked the student to recapitulate the main argument.

교수는 학생에게 주요 논지를 요약하라고 요청했다.

동의어: summarize, recap

반의어: elaborate(자세히 설명하다)

09

우루사를 먹던 밤 북두칠성을 보았네

북두칠성Big Dipper과
대립과 상호 보완성Opposites are complementary

한국에서는 피로 회복제의 이름으로 더 널리 알려졌지만, 우루사Ursa는 북두칠성의 별자리 이름이기도 하다. 약을 제조하는 회사의 로고가 곰인 것도 관련이 있을 것이다.

천문학에 관심이 없어도 북두칠성은 다 안다. 어린 시절 밤하늘을 올려다보면 반짝이는 별들이 보였다. 지금은 빛의 공해로 서울에서 그런 장면을 보기 쉽지 않지만, 어릴 적엔 반짝이는 별들 사이에서 국자 모양을 찾는 것이 그리 어렵지 않았다. 국자 모양의 별들은 그 모양 그대로 철마다 자리를 옮겨 다녔다. 하나도 아닌 7개의 별이 어떻게 똑같은 모양을 유지하면서 자리를 바꾸는지 신기해했던 기억이 있다.

북두칠성은 한국인의 토속 신앙이나 혹은 종교를 초월한 정성의 마음과 매우 깊은 관계가 있는 별자리다. 어머님들은 북두칠성을 향해 자식들과 가정의 안위를 기원했고, 중요한 일들이 있을 때도 북두칠성에 정성을 담아 기도를 했다. 정화수 한 잔에 담긴 정성은 그 어떤 종교의 신성함과 거룩함에 못지않을 것이다.

북두칠성은 북극성Polaris과 관계가 있다. 국자의 담는 끝 부분을 직선으로 이어서 계속 연장하면 북극성이 있기 때문이다. 이것은 동시에 작은곰자리Ursa Minor의 손잡이에 해당하는 별이기도 하다. 북극성은 항해나 지리에서 방향을 설정할 때 정북에서 빛나는 별이다.

동양에서 북두칠성은 밤하늘에 떠 있는 거대한 시계와 같은 역할을 했었다. 북두칠성의 움직임은 계절마다 정확하게 동서남북을 가리키는 역할을 했고, 그래서 방향을 가리키는 별자리 부분을 시침이라고 부르기도 했다. 입춘, 즉 봄이 시작되는 시점에 북두칠성의 시침이 가리키는 방향은 동쪽이 된다.

북두칠성은 보통 국자Big Dipper 모양을 비롯해서 다양한 이름으로 불린다. 특히 큰곰자리, 작은곰자리라는 이름으로 불리기도 하는데 곰과 관련해서는 그리스 신화와 관계가 깊다. 제우스는 부인 헤라의 눈을 피해 아름다운 요정을 변신시키곤 했는데, 어느 날 칼리스토라는 요정을 곰으로 변하게 했다. 그런데, 마침 곰으로 변한 칼리스토의 아들이 나타나 곰으로 변한 자신의 엄마를 죽이려고 한다. 이에 깜짝 놀란 제우스는 곰으로 변한 칼리스토와 그녀의 아들 아르카스도 곰으로 만들어 하늘의 별자리로 만들었다고 한다. 이렇게 만들어진 별자리는 큰곰자리Ursa Major(the Great Bear)와, 작은곰자리Ursa Minor가 되었다. ursa는 암컷 곰을 의미한다. 형용사 형태로는 ursine이라고 한다.

그리스어로 곰은 arkto라고 한다. 그리스인들은 북쪽으로 가면 북극성이 점점 높아지면서 큰 곰자리와 작은곰자리가 모두 보이는 것을 알았다. 그래서 두 개의 별자리가 모두 보이는 지역을 arktikos라고 불렀는데, 이 단어는 현재 사용되고 있는 북극arctic이라는 단어의 어원이 된다. 결국 북극이라는 말은 곰이라는 뜻과 연결되어 있는 셈이다. 북극이라는 말을 기반으로 해서 남극은 antarctic이 되었다. arctic에 반대라는 뜻의 anta-가 결합해서 만들어졌다.

동물과 관련된 형용사는 대부분 –ine로 끝난다. feline(고양이), bovine(소), leonine(사자), aquiline(독수리), asinine(노새) 등은 모두 동물과 관련된 형용사들이다.

ursa는 암컷 곰을 의미하는 말로, 사람의 이름으로도 파생되었다. 어슐러Ursula는 여기서 생겨난 여성의 이름이다. 미국 TV 시트콤 〈프렌즈〉에 등장하는 피비의 쌍둥이 이름도 Ursula였지만, 어슐러라는 이름으로 유명한 사람이라면 미국의 소설가 어슐러 르 귄Ursula K. Le Guin이 더 유력할 것 같다.

어슐러 르 귄은 미국을 대표하는 공상 과학 소설가다. 지적인 풍토에서 자란 덕에 르 귄의 소설에는 동서양을 아우르는 철학과 문화 역사적 요소가 등장한다. 음양 철학, 도교, 불교, 문화 인류학, 페미니즘, 심지어 카를 융의 정신 분석학까지 그녀의 작품 세계에 영향을 준 것으로 알려져 있다. 특히 동양의 도교나 음양

사상에 대한 르 귄의 통찰과 사색은 역으로 동양의 독자들에게
많은 것을 가르쳐 준다.

부모는 물론, 함께 자란 오빠들 모두 읽기 쓰기는 물론 학문
에 관심이 많았던 탓에, 르 귄의 집에는 당대의 많은 지식인들이
자주 찾아왔었다고 한다. 특히, 최근 개봉된 크리스토퍼 놀란 감
독의 영화 〈오펜하이머〉의 주인공이기도 한 로버트 오펜하이머
역시 그중 한 명이었다고 한다. 오펜하이머는 르 귄의 한 소설에서
주인공의 모델이 되기도 했었다.

현대 물리학이 동양 사상과 만나는 것은 별로 놀랍지 않다. 양
자역학의 선구적인 물리학자였던 덴마크의 닐스 보어 Niels Bohr는 이
미 음양 철학에 대한 깊은 관심을 갖고 있었다고 한다. 보어가 노벨
물리학상 수상 당시 태극의 문양이 그려진 문장coat of arms을 선택
했었다는 것은 널리 알려진 사실이다. 보어의 문장에는 "Contraria
Sunt Complementa"(Opposites are complementary)라는 문구가 써
있었다. 반대되는 것이 서로를 완전하게 만든다는 뜻이다. 다만, 이
에피소드만으로 동양 사상이 그의 물리학적 이론에 영향을 준 것
으로는 생각하기 어렵다. 관심과 영향은 종종 별개이기 때문이다.

르 귄의 가장 유명한 소설이라면 『어둠의 왼손The Left Hand of
Darkness』이라고 할 수 있다. 이 공상 과학 소설은 인간이 고정된
성sex을 갖고 있지 않은 가상의 행성에서 벌어지는 이야기다. 작품
전편을 통해 르 귄은 젠더gender와 성sex이 어떻게 역사와 사회에
영향을 주는지의 문제를 다루고 있다. 덕분에 페미니스트 사이언
스 픽션feminist science fiction이라는 장르를 구축하는 초기의 작품으

로 평가를 받기도 했다.

르 귄의 작품은 팬들과 비평가들 사이에서 매우 높은 평가를 받았다. 1970년에 공상 과학 분야에서 가장 저명한 상이라고 할 수 있는 휴고 상과 네뷸러 상의 최고 작품상을 뽑기 위해 치러진 투표에서 그녀는 3등을 한다. 당시 투표에서 1위와 2위를 차지한 작가는 『듄』 시리즈로 유명한 프랭크 허버트, 그리고 『2001 스페이스 오디세이』로 유명했던 아서 클라크였다. 고수들은 홀로 등장하지 않는 것인가?

제목이 유래한 유명한 구절은 아래와 같다.

빛은 어둠의 왼손,
그리고 어둠은 오른손의 빛.
둘은 하나, 삶과 죽음처럼
케머에서 함께 누워 있는 연인처럼
맞잡은 두 손, 그리고
목적지와 그곳으로 인도하는 긴 여정처럼.

Light is the left hand of darkness,
and darkness the right hand of light.
Two are one, life and death, lying
together like lovers in kemmer,
like hands joined together,
like the end and the way.

Ursa (천문학) 곰자리

예문: The Ursa Major constellation is easy to spot in the northern sky.

큰곰자리는 북쪽 하늘에서 쉽게 찾을 수 있다.

Big Dipper 북두칠성

예문: The Big Dipper is one of the most recognizable constellations in the night sky.

북두칠성은 밤하늘에서 가장 잘 알려진 별자리 중 하나다.

동의어: Plough(영국에서의 표현)

Polaris 북극성

예문: Polaris is also known as the North Star and has been used for navigation for centuries.

북극성은 North Star라고도 불리며, 오랫동안 항해에 사용되어 왔다.

Ursa Major 큰곰자리

예문: Ursa Major is home to the Big Dipper, a prominent group of seven bright stars.

큰곰자리는 일곱 개의 밝은 별들로 이뤄진 북두칠성이 위치한 별자리다.

Ursa Minor 작은곰자리

예문: Ursa Minor contains Polaris, which is essential for finding true north.

작은곰자리는 북극성을 포함하고 있으며, 진북을 찾는 데 매우 중요하다.

Arctic 북극의

예문: The Arctic region is home to polar bears and unique ecosystems.

북극 지역은 북극곰과 독특한 생태계의 서식지이다.

반의어: Antarctic(남극의)

Antarctic 남극의

예문: Penguins are commonly found in the Antarctic region.

펭귄은 주로 남극 지역에서 발견된다.

ursine 곰의, 곰 같은

예문: The hunter observed the ursine tracks left in the snow.

사냥꾼은 눈 속에 남겨진 곰 같은 발자국을 관찰했다.

feline 고양이 같은, 고양이의

예문: The dancer moved with feline grace across the stage.

무용수는 무대 위에서 고양이처럼 우아하게 움직였다.

동의어: cat-like

bovine 소의, 소 같은

예문: The bovine gaze of the cow made it look calm and unbothered.

소의 눈빛은 차분하고 걱정 없어 보였다.

leonine 사자의, 사자 같은

예문: His leonine mane made him look majestic and powerful.

그의 사자 같은 갈기는 그를 웅장하고 강해 보이게 했다.

aquiline 독수리의, 독수리 같은

예문: He had an aquiline nose that gave his face a distinctive look.

그는 독수리 같은 코를 가지고 있어 얼굴에 독특한 인상을 주었다.

asinine 노새의, 어리석은

예문: The asinine comment made everyone roll their eyes in disbelief.

그 어리석은 발언은 모두가 믿지 못해 눈을 굴리게 만들었다.

동의어: foolish, ridiculous

Ursula 어슐러(여성 이름, 곰에서 유래)

예문: Ursula was known for her kindness and her love of books.

어슐러는 그녀의 친절함과 책 사랑으로 유명했다.

opposites 반대, 대립되는 것

예문: The idea that opposites attract is common in popular culture.

반대되는 것들이 서로 끌린다는 생각은 대중문화에서 흔히 볼 수 있다.

동의어: contrasts

반의어: similarities

10

알고리즘algorithm과 대수학algebra과 알코올alcohol과 파라셀수스

알고리즘algorithm과 연금술alchemy

알고리즘algorithm이 대세다. 알고리즘이라는 단어는 옛 페르시아의 수학자였던 무함마드 이븐 무사 알콰리즈미al-Khwarizmi의 이름에서 생겨난 것으로 알려져 있다. 그는 수학, 천문학 및 지리학에 많은 기여를 한 것으로 알려져 있다. 알고리즘은 알콰리즈미의 이름을 라틴어 표기한 Algoritmi(알고리트미)에서 파생되었다. 현재 알고리즘은 특정 문제를 해결하거나 작업을 수행하는 데 사용되는 단계별 절차 또는 규칙 세트를 가리키는 것으로 변화되어 사용된다.

그는 『알-키타브 알-무흐타사르 피 히삽 알-자브르 왈-무카발라Al-Kitab al-Mukhtasar fi Hisab al-Jabr wa'l-Muqabala』라는 책을 쓰기도 했는데, 이 책은 선형 및 이차 방정식을 해결하는 체계적인 방법을 소개하였으며, 대수학과 알고리즘 개념의 발전에 중요한 역할을 했다고 한다. 그의 책에는 손으로 수학을 계산하는 법도 있었다. 이 책의 제목 알-자브르 왈-무카발라al-Jabr wa'l Muqabala에서 al-gebra라는 단어가 기원한다. 영어 단어 algebra는 보통 '대수학'으로 번역된다.

영화 〈배트맨〉에 등장하는 악당 중에 라스 알 굴Ra's al Ghul이 있었다. 악당들의 우두머리에 해당하는 인물이다. 알 굴al Ghul은 악마the demon를 의미한다. 구울ghoul이라는 단어는 호러 만화, 혹은 영화에서도 종종 등장하는 말이다. 최근 넷플릭스에 〈도쿄 구울〉이라는 애니메이션이 있었다. 구울은 좀비를 닮은 악한 영혼을 의미하는데, 아랍어 ghul에서 영어로 옮겨 온 단어라고 할 수 있다.

중세에 유럽에서 널리 행해지던 연금술alchemy은 현대 화학의 시초가 되기도 했다. 연금술을 의미하는 alchemy는 al과 chemy로 나눠지는데, 역시 앞부분의 al-은 아랍어의 정관사라고 할 수 있다. 역사적으로 살펴볼 때, 연금술에 해당하는 기술과 학문이 아랍권에서 시작해서 이후에 유럽으로 전파된 것으로 추측할 수 있다.

알코올alcohol 역시 아랍의 단어에서 유래한 말이다. 중세에 눈가를 어둡게 보이게 하기 위해 사용된 일종의 화장품이기도 했던 미세한 철가루를 al-kuhul이라고 불렀던 것에서 유래한다. al-은 아랍어에서 일종의 정관사와 같은 역할을 한다.

중세의 유명한 의사이기도 했던 파라켈수스Paracelsus가 미세한 가루나 휘발성 액체volatile liquid를 지칭하는 데 알코올alcohol이라는 단어를 사용했다. 영어권에서는 어느 물질에서 추출한 정수,

혹은 핵심을 의미하는 말로 사용되었다. 예를 들어, alcohol of wine하면 와인의 정수만을 뽑아낸 것을 의미하는 것이다.

중세 유럽인들은 아라비아인들로부터 연금술을 배웠다고 한다. 비록 허구에 가까운 믿음으로 물질을 금으로 변화시키려고 했지만, 연금술의 많은 시도들은 현대 과학을 탄생하게 하는 데 많은 도움을 주었다. 물질을 변화시키는 연금술이지만, 여기에도 의학적인 분야가 존재했었다.

의학적인 방면에서 연금술이 발전하게 된 것은 파라켈수스의 영향이 크다. 파라켈수스라는 이름은 켈수스에 버금간다는 뜻이고, 켈수스는 로마의 유명한 의사였다고 한다. 파라켈수스는 귀천과 유래를 가리지 않고 늙은 노파든 집시든, 강도든 마법사든 누구에게서 들은 말이든지 도움이 될 만한 지식은 모두 받아들였다고 한다. 지식에는 귀천이 없다는 신념이 있었던 것 같다.

파라켈수스가 인체에 대해서 갖고 있었던 사상은 당시로서는 획기적인 것이었다. 그는 인간의 각 신체 기관이 우주의 천체와 연결되어 있다고 믿었다. 예를 들어, 태양은 인간의 심장과, 달은 인간의 뇌와 연결되어 있다는 식이다. 마치 한의학에서 오행이 인간의 오장육부와 대칭되는 방식과 유사하다. 음양오행설에 따르면 목은 간, 담, 화는 심장, 소장, 토는 위와 비장, 금은 폐와 대장, 수는 신장과 방광에 연결된다고 한다.

물론, 지금의 관점에서 파라켈수스의 의학에 대한 생각은 여전히 비합리적이지만, 당시로서는 매우 진보적인 관점이었다고 한다. 특히, 질병을 치료하는 데 있어서 질병의 요인이 인체의 특정

부분에 영향을 끼친다고 생각하여 질병을 분야별로 나눠서 치료할 수 있다고 생각한 최초의 의사이기도 했다.

자신보다 몇 년 앞서서 교회와 대항해 싸웠던 루터가 형식에 빠진 교리보다 개인적인 신앙심을 중시했던 것처럼, 파라켈수스 역시 고대의 권위 있는 철학자나 의학자들의 이론보다 자연에서 경험한 자신의 개인적 경험이 중요하다고 믿었다. 그러다 보니 자연과 인간 간의 신비적인 상관관계를 믿기도 했다. 예를 들어, 어떤 식물이 사람의 특정 신체와 관계있어 보이면, 그것이 그 부분의 질병을 치료하는 데 효과가 있을 것이라는 믿음 같은 것이었다. 어느 정도까지는 현재까지도 유효한 인간의 직관적 사상이라고 할 수 있을 것 같다.

고전의 권위를 부정하면서 파라켈수스는 시대와 불화하며 떠돌다 1541년 마흔여덟의 나이에 사망하게 되는데, 후에 장미십자회Rosicrucianism와 같은 신비주의자들에 의해서 영웅처럼 추앙받게 된다. 지금도 파라켈수스라는 이름이 즉각적으로 신비적인 연금술을 연상시키는 것은 그 때문일 것이다.

그의 본명은 필리푸스 아우레올루스 테오프라스투스 봄바스투스 폰 호엔하임Philippus Aureolus Theophrastus Bombastus von Hohenheim이었다.

algorithm 알고리즘, 특정 문제를 해결하기 위한 절차나 규칙의 집합

예문: Modern search engines use complex algorithms to determine the relevance of web pages.

현대의 검색 엔진은 웹 페이지의 관련성을 결정하기 위해 복잡한 알고리즘을 사용한다.

algebra 대수학

예문: Algebra is a fundamental part of mathematics that deals with variables and equations.

대수학은 변수와 방정식을 다루는 수학의 기본적인 부분이다.

ghoul 구울, 시체를 먹는 괴물 또는 악한 영혼

예문: The legend of the ghoul scared the villagers from wandering out at night.

구울의 전설은 마을 사람들이 밤에 나다니는 것을 무서워하게 만들었다.

alchemy 연금술, 금속을 금으로 변환하려고 했던 중세의 화학적 시도

예문: Alchemy was the precursor to modern chemistry, blending mysticism with early scientific thought.

연금술은 현대 화학의 전신으로, 신비주의와 초기 과학적 사고를 혼합했다.

alcohol 알코올, 술 또는 에탄올을 의미하는 화합물

예문: Alcohol can be found in many forms, from beverages to medical disinfectants.

알코올은 음료에서 의료용 소독제까지 다양한 형태로 존재한다.

volatile 휘발성의, 쉽게 증발하는, 변덕스러운

예문: Gasoline is a highly volatile liquid and should be handled with caution.

휘발유는 휘발성이 매우 높은 액체이므로 주의해서 다뤄야 한다.

동의어: unstable

반의어: stable

elixir 엘릭서, 만병통치약 또는 생명을 연장시킨다고 믿었던 물질

예문: In medieval times, alchemists sought an elixir that would grant immortality.

중세 시대에 연금술사들은 불로장생을 가져다줄 엘릭서를 찾았다.

Paracelsus 파라켈수스, 중세의 의사이자 연금술사로 유명한 인물

예문: Paracelsus believed in the healing power of nature and often experimented with different remedies.

파라켈수스는 자연의 치유력을 믿었으며 다양한 치료법을 실험하곤 했다.

celestial 천체의, 하늘의

예문: The celestial bodies, such as the sun and moon, have inspired myths and legends throughout history.

태양과 달과 같은 천체들은 역사 내내 신화와 전설에 영감을 주었다.

Rosicrucianism 장미십자회, 신비주의적 철학 단체

예문: Rosicrucianism emerged in the 17th century and focused on mysticism and esoteric knowledge.

장미십자회는 17세기에 등장해 신비주의와 비밀 지식에 집중했다.

complementary 상호 보완적인

예문: The two colors are complementary and create a pleasing contrast.

두 색상은 상호 보완적이며 보기 좋은 대비를 만든다.

반의어: contradictory

remedy 치료법, 해결책

예문: Herbal remedies were commonly used before modern medicine was developed.

현대 의학이 발달하기 전에 약초 치료법이 흔히 사용되었다.

동의어: cure

반의어: disease

11

트랙터tractor가 지나가니 추상화abstract painting가 되네?

람보르기니Lamborghini와 매력attraction

과거엔 소가 쟁기를 끌었지만, 지금은 트랙터tractor로 모든 밭일을 해결한다. 커다란 바퀴와 다부진 몸체, 견고한 금속과 강렬한 붉은색, 그리고 웅장한 배기음은 람보르기니 같은 슈퍼카와 견주어 부족할 게 없다.

페루치오 람보르기니는 자기 이름을 딴 자동차 사업을 시작하기 전에 트랙터를 만들던 사람이었으니, 이런 비교가 생뚱맞지는 않을 것이다. 그가 1948년 설립한 트랙터 회사의 이름은 람보르기니 트라토리Lamborghini Trattori였다. 트랙터 회사로 많은 돈을 벌었던 람보르기니는 자동차 사업에 뛰어든다. 자동차에 대한 자신의 제조 능력을 확인하기 위해 그는 새로 만든 자동차를 엔초 페라리에게 보여 주었다. 하지만 콧대 높았던 페라리는 람보르기니가 가져온 자동차에 별로 흥미를 느끼지 못했고, 만들던 트랙터나 계속 만들라는 빈정거림 반의 조언을 했다고 한다. 자존심이 구겨진 람보르기니가 성남과 분노와 도전의 마음으로 심혈을 기울여 새로운 자동차를 만들어 낸다. 지금의 람보르기니 자동차의 전설은 그렇게 시작되었다고 한다.

트랙터tractor는 당기는 일을 하는 것이다. 말 그대로 끄는 것, 당기는 것trek과 관계가 있다. 과거 말이나 소가 쟁기를 끌었던 것처럼 농사일에 있어서 쟁기를 당기는 것은 필수적인 일이다. 트랙터는 말 그대로 끌어 준다는 의미가 있다.

쟁기를 끌면 이랑이 생긴다. 쟁기가 지나간 자국이다. 그래서 어떤 것이 남긴 자국이나 흔적은 trace라고 한다. 뭔가를 끌고 간 뒤 남은 흔적인 셈이다. 흔히 사냥에서 사냥감의 흔적을 뒤쫓는 것은 track down이라고 한다. 여기서 track은 사냥감이 지나간 길이나 경로, 흔적을 말한다. 그 경로를 따라가면 사냥감을 찾을 수 있을 것이다.

하이킹 혹은 산길을 걷는 것을 트레킹trekking이라고 한다. trek의 의미에 '여행하다', '이동하다'라는 뜻이 있고, 역시 어원상으로 볼 때 끌다, 당긴다는 뜻과 관계된다. 여행할 때, 우리는 종종 끌리는 대로 간다고 하지 않는가? 이끄는 대로 여행하는 것처럼, 여행하는 것은 역시 끄는 것과 관계가 밀접해 보인다.

제주의 올레길처럼 세계에는 유명한 트레킹 코스가 많다. 둘레길이나 트레킹 코스를 지칭하는 영어는 trail에 해당한다. 미국에는 태평양 연안에 PCT라고 하는 유명한 트레일 코스가 있다. PCT는 Pacific Crest Trail의 약자다. 아래로 멕시코 국경에서 위로 캐나다까지 태평양을 끼고 올라가는 코스다. 수개월에 걸치는 대장정이지만 여전히 많은 사람들이 도전하고 있다.

　미국의 작가 셰릴 스트레이드는 혼란스러웠던 20대에 PCT를 홀로 도전한다. 중간 기점마다 필요한 보급품을 우편으로 도착하도록 계획해 두고, 자신의 키보다 훌쩍 높게 솟아오른 큰 배낭을 짊어지고 수개월에 걸친 대장정을 떠난 기록은 『Wild』라는 책으로 출판되어 널리 인기를 얻기도 했다. 나도 읽었던 기억이 있다. 긴 여정을 어떻게 준비하고 어떻게 걸었고 어떤 만남이 있었는지를 아주 생생하고 또 재미있게 쓴 책으로 기억난다.

　상대방을 잡아 끌어당기는 힘은 매력attraction이다. 매력적이라는 말은 attractive라고 한다. 자기가 있는 쪽으로at- 당긴다tract는 의미일 것이다. 매력은 자신도 모르게 상대에게 끌리는 힘이다. 사랑의 감정이기도 하지만 더 본질적으로는 나를 잡아당기는, 내가 끌리는 힘이다.

　끄는 것과 당기는 것은 밀고 당기는 것과 비슷하다. 밀당이라고 하는 말은 연인 사이에서 관계의 균형을 잡는 의미로 사용된다. 더 넓게는 나와 상대와의 사이에서 일종의 거래나 협상과 같은 것을 의미할 수도 있다. 그래서 종종 협약을 treaty라고 부르기도 한다. 일종의 협상negotiation이나 거래bargain와 비슷한 의미로 사용하는 것이다. 핵 확산 금지 조약은 NPT라고 한다. UN에서 사용하는 정식 명칭은 Treaty of the Non-Proliferation of Nuclear Weapons다. 여기서 Treaty는 '조약', '협약' 등의 의미로 사용되었다.

　자동차 뒤에 끌고 다니는 캠핑카가 많아졌다. 보통 트레일러

trailer라고 부르는 트럭들도 있다. 역시 '끌다', '당기다'는 뜻을 충실하게 활용한 단어라고 할 수 있다. 영화의 예고편도 역시 트레일러라고 하는데, 이쯤 되면 왜 예고편을 트레일러라고 부르는지 이해가 될 것이다. 바로 관객들을 끌어당기기 때문이다. 많이 끌어당길수록 영화의 흥행이 보장될 것이다.

트럭만 끌고 다니는 것은 아니다. 보다 긴 운송 수단이라고 할 수 있는 기차는 train이다. 맨 앞의 기관차가 뒤로 줄줄이 화물이나 승객이 타고 있는 열차를 끌고 간다. 역시 tract-의 '끌다'라는 의미가 아주 충실하게 실현된 단어라고 할 수 있다.

얼핏 생각하면 트럭truck도 의미상 관계가 있을 것처럼 보이지만, truck은 큰 바퀴를 의미하는 그리스어 trokhos에서 유래했다. 이 단어는 이후 달린다는 의미로도 파생된다. 끌거나 달리고 굴러가는 모든 의미가 tr-이라는 요소와 공통적으로 관계되어 있다는 것이 흥미롭다.

train이라는 단어는 동사로도 사용된다. 물론, 어원도 동일하게 tract와 관계가 있는 말이다. 지금은 거의 한국어처럼 일상적으로 사용되는 말이기도 하다. train은 '훈련하다', '훈련시키다'라는 뜻이지만, 사실 train과 훈련이라는 말은 서로 어감이 미묘하게 다르다. 한국어처럼 흔하게 사용되면서 독립적인 미묘한 뉘앙스를 갖게 된 것이다. 그런데, 훈련시키는 것과 끌어당기는 것이 어떤 관계가 있는가?

의미를 생각해 보면 어렵지 않다. 누군가를 훈련시키는 것은 대상을 어떤 방향으로 이끄는 것과 같다. 체육관에서 선수를 훈

런시키는 것은 일정한 목표를 향해 선수를 끌어 주는 것과 동일하다. 목적이나 어떤 형태를 지향하는 방향으로 이끌어 준다는 의미로 이해하면 된다. 그러면 훈련한다는 뜻과 끌다는 의미가 아주 자연스럽게 부합한다. train이라는 동사에서 훈련사trainer, 훈련을 받는 사람trainee 등의 단어도 파생될 수 있다.

protract는 앞으로pro- 끌다tract라는 의미로, 어떤 기간을 연장하거나 시간을 오래 끄는 것을 의미한다. 앞으로 끌어당긴다는 의미는 비슷하게 portray에도 나타난다. portray는 미술에서 '그림으로 묘사하다', '그리다'라는 뜻이다. 명사형으로 사용되면, portrait인데, '초상', '초상화'라는 의미로 쓰인다.

초상화는 다른 사람의 모습, 혹은 자신의 모습을 그림으로 표현한다. 그리고 그림 속의 이미지가 정교하고 세밀할수록 그림은 마치 앞으로 튀어나올 것처럼 생생하다. 그런 의미에서, '초상화를 그리다'는 뜻의 portray 역시 앞으로por- 끌어당기는tray 의미로 분석할 수 있다. tray 역시 tract에서 파생되었다. 그림으로 재현하는 대상을 눈앞에 끌어온다는 의미로 이해하면 적절할 것 같다.

초상화뿐만 아니라 현대 미술에서도 tract는 매우 중요한 의미를 전달하는 단어로 사용된다. 19세기까지 이어진 서구의 사실주의적 회화는 20세기 모더니즘을 거치면서 점점 대상의 재현보다는 화가의 생각을 표현하는 방식으로 변화한다. 대상이 사라지다 보니, 회화는 점점 무엇을 그린 것인지 알기 어렵게 변해간다. 이른바 구상concrete에서 추상abstract으로 화폭의 이미지가 변한 것이다.

추상적abstract이라고 할 때, 그것은 대상으로부터ab- 핵심과 본질을 끌어낸다는tract 것이다. 당연히 구체성은 탈각되고 형이상학적인 개념으로 남기 쉽다. 그리고 형태가 없는 개념을 표현하는 일은 개인별로 천차만별일 것이다.

광고 포스터에도 종종 차용되는 몬드리안의 추상화는 그나마 산뜻한 색감으로 대중들에게 널리 알려져 있다. 극단적으로 추상적인 회화는 아무래도 색면 추상주의라고 불리는 작품들일 것이다. 유명한 마크 로스코의 색면화나 카지미르 말레비치의 절대주의 회화는 캔버스에 단조로운 색깔을 입힌 것처럼 보인다. 물론, 이 화가들의 그림이 단조로운 색으로만 구성된 것은 아니다. 거기에는 그 색을 칠하기 위한 붓질의 흔적들이 있을 것이고, 그것을 보고 감상하는 것은 작품이 있는 현장에서만 가능할 것이다.

20세기 미국 최고의 예술가로 손꼽히기도 했던 잭슨 폴록의 그림 역시도 대표적인 추상 회화라고 할 수 있다. 그는 캔버스를 세우지 않고 뉘여서 그 위로 물감을 흘리거나 뿌렸다. 특별한 대상을 재현한 것이 아니라서 이해하기 어렵지만, 아마도 미국의 역사와 연관 지어 폴록의 회화가 갖는 예술사적인 의미를 찾을 수도 있을 것이다.

화가들은 종종 그림을 그리다가 잠시 다른 여가를 갖기도 한다. 뭔가에 집중해 있다가 잠시 느슨한 여유를 갖는 것은 distraction이다. 집중해 있던 것으로부터 멀리dis- 끌어당기는tract 것이다. distract는 동사로 '관심이 멀어지다', '주의를 분산시키다'라는 뜻이지만, 명사로 distraction이라고 할 때는 '기분 전환'이라는 말로도 번역된다. 누군가가 집중하지 않고 산만하면 distracted라고 할 수도 있다.

최근 넷플릭스에 소개된 영화 〈Extraction〉은 납치된 사람을 구출해 내는 과정을 스펙터클하게 보여 준다. 말 그대로 누군가를 밖으로ex- 끌어내는tract 것이다. 안에 있는 것을 밖으로 끌어낸다는 뜻에서, extract는 '추출하다'라는 뜻으로도 쓰인다. 특히, 식재료와 관련해서 사용되면, extract는 일종의 '농축액', '추출된 정수' 등의 의미로도 쓰인다.

구출 작전은 때로 실패하기도 한다. 특히 군사 작전에서 상황이 여의치 않을 땐 후퇴retreat해야 한다. 후퇴는 뒤로 밀리는 것이다. 마치 뒤에서re- 누가 당기는treat 것처럼 더 이상 전진하기 어렵다. 전쟁과 같은 맥락에서는 후퇴이지만, 종교적인 의미로는 잠시 활동을 중지하고 은거하거나, 일상적으로 사용되면 휴식과 같은 의미로도 사용될 수 있다. retreat이라는 단어가 삶과 전쟁이라는 상황 모두에서 은유적으로 사용될 수 있는 것은 그만큼 삶과 전쟁이 서로에게 비슷한 것이기 때문인가 보다.

tractor 트랙터, 농업용 기계로 밭일을 위해 사용되는 견인 장비

예문: In modern agriculture, tractors are essential for plowing and harvesting.

현대 농업에서 트랙터는 경작과 수확에 필수적이다.

동의어: plow machine, tiller

attraction 매력, 끌어당기는 힘

예문: Her intelligence was a major attraction for him.

그녀의 지성은 그에게 큰 매력이었다.

동의어: appeal, charm

반의어: repulsion, aversion

trailer 트레일러, 캠핑카 또는 영화를 예고하는 영상

예문: We watched the trailer for the new movie and decided to see it.

우리는 새 영화의 예고편을 보고 관람하기로 결정했다.

동의어: preview(영화 예고편), camper(캠핑 트레일러)

train 기차(명사), 훈련하다(동사)

예문: The train departed from the station on time.

기차는 정시에 역을 출발했다.

She trained hard for the competition.

그녀는 대회를 위해 열심히 훈련했다.

동의어: railway(명사), coach(동사)

반의어: neglect(동사 의미일 때)

track 흔적, 자취, 경로

예문: The hunters followed the tracks left by the animal.

사냥꾼들은 동물이 남긴 흔적을 따라갔다.

동의어: path, trail, footprint

반의어: untrace, ignore(추적의 의미일 때)

trek 여행, 특히 험난한 여정

예문: They embarked on a trek through the mountains.

그들은 산을 가로지르는 여행을 시작했다.

동의어: journey, hike

trail 흔적, 자취, 길

예문: The hikers followed the mountain trail.

등산객들은 산길을 따라갔다.

동의어: path, track

distraction 주의 산만, 기분 전환

예문: The noise outside was a major distraction during the meeting.

회의 중에 바깥 소음이 심한 방해 요소였다.

동의어: diversion, interruption

반의어: focus, concentration

extraction 추출, 구출

예문: The extraction of oil from the ground is a complex process.

땅에서 석유를 추출하는 것은 복잡한 과정이다.

동의어: removal, retrieval

반의어: insertion, injection

retreat 후퇴, 물러남

예문: The troops had to retreat due to heavy opposition.

부대는 강한 저항으로 인해 후퇴해야 했다.

동의어: withdrawal, pullback

반의어: advance, attack

protract 연장하다, 질질 끌다

예문: They decided not to protract the meeting unnecessarily.

그들은 회의를 불필요하게 연장하지 않기로 결정했다.

동의어: prolong, extend

반의어: shorten, curtail

portray 묘사하다, 그리다

예문: The artist portrayed the beauty of the landscape vividly.

그 화가는 풍경의 아름다움을 생생하게 묘사했다.

동의어: depict, illustrate

반의어: distort, misrepresent

treaty 조약, 협정

예문: The two nations signed a peace treaty to end the conflict.

두 나라는 갈등을 종식시키기 위해 평화 조약을 체결했다.

동의어: agreement, pact, accord

반의어: disagreement, conflict

negotiate 협상하다, 교섭하다

예문: The company had to negotiate the terms of the contract.

그 회사는 계약 조건을 협상해야 했다.

동의어: bargain, mediate, discuss

반의어: agree(무조건 동의하다), refuse(거절하다)

bargain 흥정, 거래

예문: They bargained over the price until they reached an agreement.

그들은 가격을 두고 흥정하다가 합의에 도달했다.

동의어: deal, negotiation

반의어: rip-off(너무 비싼 거래)

concrete 구체적인, 실질적인

예문: He gave a concrete example to illustrate his point.

그는 자신의 주장을 설명하기 위해 구체적인 예를 들었다.

동의어: tangible, specific

반의어: abstract, vague

portrait 초상화, 초상

예문: The artist painted a portrait of the famous writer.

그 화가는 유명 작가의 초상화를 그렸다.

동의어: likeness, image, depiction

반의어: landscape(풍경화)

reproduction 재현, 복제

예문: The reproduction of the painting was displayed in the museum.

그림의 복제본이 박물관에 전시되었다.

동의어: replica, copy

반의어: original

challenge 도전, 어려움

예문: Climbing Mount Everest is a significant challenge for many climbers.

에베레스트산 등반은 많은 등반가들에게 큰 도전이다.

동의어: test, trial

반의어: agreement, solution

admiration 존경, 감탄

예문: She has great admiration for her mentor.

그녀는 멘토에 대해 큰 존경심을 가지고 있다.

동의어: respect, reverence, appreciation

반의어: disdain, contempt

innovation 혁신, 새로움

예문: The company is known for its culture of innovation.

그 회사는 혁신적인 기업 문화로 유명하다.

동의어: breakthrough, advancement

반의어: stagnation, tradition

frustration 좌절, 실망

예문: She felt frustration when the project faced unexpected delays.

그녀는 예상치 못한 프로젝트 지연에 좌절감을 느꼈다.

동의어: disappointment, exasperation

반의어: satisfaction, contentment

12

루틴routine의 위대한 성스러움

루틴routine과 루트route

루틴routine은 규칙적으로 반복되는 행동이나 과정의 패턴을 말한다. 잠들기 전의 루틴, 아침에 일어났을 때의 루틴. 출근해서의 루틴, 식사할 때의 루틴. 현대인에게 루틴은 종종 신화가 될 정도로 많이 강조된다.

인류의 가장 보편적인 루틴routine은 두 가지다. 하나는 잠이고, 또 하나는 집이다. 아침에 눈을 뜨고, 밤이 되면 잠자리에 드는 것. 태어나서 죽을 때까지 반복되는 이 루틴은 인간을 생물학적으로 존재할 수 있게 해 주는 거의 성聖스러울 정도로 규칙적인 루틴이다.

집 역시 인간에게 사회에서 가장 중요한 루틴을 제공해 준다. 집을 떠났다가 다시 집으로 돌아온다는 것. 그것은 단지 귀소지가 안정된 정착 생활을 하는 사람에게만 해당되는 것은 아니다. 유목 생활을 한다 하더라도, 어느 하루의 아침에 길을 나서면 반드시

다시 집으로 돌아오는 것은 필요하다. 인류의 구성원으로서 잠과 집이라는 루틴의 뿌리가 없는 사람은 없다. 이러한 루틴이 존재하지 않는 경우는 전쟁이나 질병 같은 이른바 예외 상황뿐이다.

점점 많은 사람들이 루틴의 중요성, 루틴과 성공과의 상관관계에 대해 말한다. 루틴의 가장 큰 장점은 사람으로 하여금 고민하지 않게 한다는 것이다. 인간은 선택 앞에서 괴로워한다. 무엇을 입을지, 무엇을 먹을지, 누구를 만날지, 어디를 가야 할지를 늘 고민한다.

하지만, 잠들고 나서 깨어날 때, 우리는 깨어날지 말지를 고민하지 않는다. 일단 깨어나는 것이다. 그것은 우리의 의지나 의식과 관계없다. 잠든 상태에서 다시 각성의 상태로 돌아오는 것은 자연의 일부로서의 생물학적인 인간의 루틴이다. 그것은 가장 자연스러운 과정이고, 가장 건강한 루틴이다.

집을 나섰다가, 다시 집으로 돌아가는 것은 매우 사회적이고 학습된 것이지만, 거의 보편적으로 모든 인류에게 적용되는 루틴이다. 간혹 집이 두 개여서, 어디로 갈까를 고민하는 사례가 생길 수 있지만, 루틴이라는 의미에서 이것은 개별적인 장소의 차이와 관계없다. 루틴의 핵심은 집이라는 공간을 나서면, 다시 집이라는 공간으로 돌아간다는 것에 있기 때문이다. 발길이 향하는 장소는 이곳이 될 수도 있고, 저곳이 될 수도 있지만, 돌아간다는 루틴은 분명하다.

이 두 가지의 루틴은 인간에게 있어서는 필연적이다. 그럼에도 불구하고 이 두 가지의 루틴은 대개의 경우, 루틴처럼 인식되지 않는다. 인간의 삶에 너무나도 근원적인 바탕이 되기 때문이다. 최소한 중년이 되기 전까지, 잠과 집은 루틴으로 여겨지지 않았다.

하지만, 어느 순간, 잠에서 일어나고, 저녁에 다시 집으로 돌아가는 일이 루틴처럼 느껴진다. 삶의 권태나 지루함, 반복되는 일상에 대한 혐오를 말하려고 하는 것이 아니다. 오히려 그 루틴이 매우 성스럽게 느껴지는 것을 말하고 싶다. 그 반복으로 인해 내가 하루를 살고, 집이 늘 거기 있음으로 인해 내 하루를 뉘일 수 있다는 것. 그것은 다른 많은 루틴으로 인해 얻을 수 있는 성공적인 삶의 효율성과는 차원이 다른 루틴의 성스러움이다.

이것은 세속적인 것에 반대되는 성스러움의 성聖이 아니라, 나태하거나 불규칙한 것, 예측할 수 없는 것에 반대되는 의미의 성실함의 성誠이다. 루틴은 반복적으로 이루어지는 행동이나 과정 혹은 양식이다. 지속적으로 예외 없이 규칙적으로 이루어지기 때문에 어떤 면에서는 성실한 것과 의미가 통하는 면이 있다. 동양의 고전이라고 할 수 있는 『중용』에는 이러한 성실한 것에 대한 성찰이 매우 중요한 주제를 이룬다.

태양이 매일 똑같이 뜨고 지는 것처럼, 바닷물이 늘 똑같이 들고 나는 것처럼, 달이 늘 똑같이 변화하는 것처럼. 사계절이 돌고, 봄이 되면 꽃이 피고 가을에 열매가 맺히는 것처럼, 자연의 루틴은 절대로 어김이 없다. 동양 최고의 고전 중 하나라고 할 수 있는 『중용』은 자연의 성스러운 루틴에 대해 말한다. 『중용』에서 말하는 성誠은 천지자연의 늘 그러함을 의미한다. 루틴이라는 관점에서 자연은 성스러움 그 자체와 같다.

성실한 인간은 자연의 그러한 성스러움을 본받고자 한다. 흔히 사용되는 성실하다는 말의 성은 사실 어마어마하게 막대한 의미를 갖고 있는 말인 셈이다. 일에 대한 책임감과 끈질김이 하늘의 규칙적인 움직임처럼 변함없어야 한다는 의미는 얼마나 무거운가.

routine이라는 단어는 route에서 파생되었다. route는 '길'이나 '도로', '통로', '숲길'이라는 의미를 갖고 있다. 삼림이 빽빽한 숲에 길을 내기 위해서는 나무를 잘라 내고 억지로라도 숲을 뚫어야 한다. 그래서, '가르다', '잘라 내다'라는 뜻과도 연관이 있다. 분열되거나 파열된다는 뜻의 rupta와도 자연스럽게 연결된다.

rupta-는 '분열'이나 '쪼개짐', '갈라짐', '부서짐'을 의미하는데 rupture라는 단어는 이 어원을 충실하게 반영한 말이다. 화산의 분출을 말하는 eruption에서도 확인된다. 화산이 분출되는 것은 밖으로e- 용암을 뿜어내기 위해 땅이 갈라지기rupture- 때문이다. 은행이 파산하는 것은 bankruptcy라고 한다. 은행bank이 망했다ruptcy는 말이다.

루트route는 흔히 등산에서 자주 사용되는 말이기도 하다. 알프스의 험준한 아이거 북벽North Face에는 다양한 루트가 존재한다. 역사상 많은 등반가들이 스스로 탐색하고 경험한 루트를 통해 정상을 정복했다. 마치 아무도 가지 않은 숲을 갈라서 길을 만든다는 어원 본래의 의미처럼, 등반 루트는 없던 길을 존재하게 만든다. 뒤따라오는 이들은 선배의 유산으로 자신의 안전을 지킬 수 있게 된다.

2008년 독일 영화 〈Nordwand〉는 산을 오르려는 순수한 열정을 품었던 두 독일 등반가에 관한 이야기이다. 주인공 토니와 안디는 명예, 돈, 사회적 보상, 그 어떤 것보다도 산을 오르는 것 그 자체에 대한 순수한 열망을 가졌다. 어린 시절의 친구였던 루이제는 베를린에서 기자로 활동하며 토니와 안디에게 당시 정복되지 않았던 아이거 북벽의 등정을 부추긴다. 오로지 산에 대한 순수한 마음을 가졌던 토니와 안디는 조금씩 아이거 북벽 정복이라는 열망을 갖게 된다.

영웅적 아이콘이 필요했던 히틀러의 독일 제국은 혈기 넘치는 젊은이들을 부추기며 알프스의 마지막 난제로 남아 있는 아이거 북벽 정복을 정치적인 이벤트로 이용하려고 한다. 정치와 언론은 아이거 북벽을 정복하는 것에 혈안이 되어 있다. 많은 등반가들이 등정 도중 목숨을 잃었기에, 죽음의 산이라고 불리는 아이거 Eiger. 아이거는 유럽의 전설에 흔히 등장하는 오우거 ogre와 소리가 닮았다. 오우거는 사람을 잡아먹는다는 유럽의 거인 괴물을 말한다. 무시무시한 역사와 어원을 갖고 있는 아이거 북벽 North Face은 현재 가장 잘 나가는 등산용품 브랜드의 이름이 되었다. 한때, 많은 이들의 목숨을 빼앗아 간 봉우리의 이름이 안전과 편리를 도모하는 최신 등산용품 브랜드가 된 사연은 아이러니하다.

지금의 관점에서 본다면 영화에 등장하는 당시의 등반 장비는 정말 보잘것없이 단순하다. 지금처럼 고어텍스라든가 통기성, 보온성, 가벼움 등의 기능성 재질이 장착된 용품은 당연히 없었다. 주인공들은 면으로 된 벙어리 장갑, 스웨터, 캔버스 천 같은 침낭, 자일, 캐러비너, 피켈 따위의 기본적인 장비만을 챙긴 채 등반을 떠난다. 심지어 토니는 자신이 직접 사용할 피톤을 대장간에서 만들기도 한다. 두 사람은 드디어 산이 있는 스위스로 출발하는데, 기차가 아닌 자전거로 이동한다. 독일에서 스위스 아이거까지 700킬로미터. 시작부터가 만만치 않은 여정이다.

험난한 등반의 길은 때로 사람을 오만하게 만들기도 하고, 때로 사람을 성숙하게 만들기도 한다. 평소에는 의식하지도 못하던 보잘것없는 손톱 조각 끝까지도 온전히 살아 있다는 것을 깨닫게 해 주는 성스러운 오체투지의 길. 그것은 자신의 영혼을 찾아가는 순례의 길처럼 그려진다.

인간은 높이 오를수록 자기 내면의 심연 속으로 더욱 깊게 빠져드는 것만 같다. 나무가 높이 자라기 위해 더 깊게 뿌리를 내리는 것처럼. 높은 산을 열망하며 그곳을 오르는 사람들의 영혼은 그래서 어딘지 쓸쓸한 면이 있다. 세상도, 사람도, 사랑도, 일도 모두 까마득한 산 아래에 보잘것없는 점처럼 남겨 두고, 그들은 오른다. 천국으로 오르는 길이라 한들 그렇게 필사적으로 오를 수 있을까.

실화를 바탕으로 한 영화인만큼 드라마틱한 요소가 존재한다. 영화는 처음부터 산 위의 원시적이고 폭력적인 환경과 산 아래의 화려한 호텔로 상징되는 문명 세계의 모습을 대조적으로 보여 준다. 산을 오르는 사람들이 눈덩이로 갈증을 해결할 때, 호텔에서 망원경으로 북벽을 들여다보는 사람들은 샴페인을 마신다. 산을 오르는 사람들이 보리 수프로 허기를 달래면 그걸 구경하는 사람들은 호텔에서 스테이크와 포도주를 마시는 식이다.

　　토니와 안디는 자신들만의 루트를 개척해서 최초로 등반에 성공할 수 있었을 것이다. 하지만 함께 등반을 경쟁하던 다른 팀의 부상을 외면하지 못하고 그들을 도와 함께 하산하던 중, 결국 눈보라 속에서 차례로 목숨을 잃는다. 결국, 마지막까지 생존해 있던 토니도 구조대의 어이없는 실수 때문에 안타깝게 생을 마감한다.

　　en route라는 표현은 프랑스어지만, 영어에서도 많이 쓰는 말이다. 영어로 on the way라고 하면 된다. 현재 루트에 있다는 뜻이니까, 곧 온다는 의미라고 볼 수 있겠다. 와이파이 공유기로 사용하는 라우터router는 네트워크 간의 정보를 교환하는 경로를 탐색하는 장치다. 디지털 정보를 주고받기 위한 최적의 경로를 찾는 것과 관계가 있기 때문에 그렇게 이름 지어졌을 것이다.

routine 일상, 규칙적으로 반복되는 습관

예문: Her morning routine includes coffee, exercise, and reading the news.

그녀의 아침 일과는 커피를 마시고, 운동을 하고, 뉴스를 읽는 것이다.

동의어: habit, practice, ritual

반의어: irregularity, spontaneity

sacred 신성한, 거룩한

예문: In many cultures, certain rituals are considered sacred.

많은 문화에서 특정 의식은 신성한 것으로 여겨진다.

동의어: holy, divine, revered

반의어: secular, profane

consistency 일관성, 지속성

예문: Her consistency in study habits led to high grades.

그녀의 꾸준한 학습 습관이 높은 성적으로 이어졌다.

동의어: reliability, stability

반의어: inconsistency, variability

repetition 반복

예문 The key to learning a new language is repetition.

새로운 언어를 배우는 핵심은 반복이다.

동의어: reiteration, recurrence

반의어: novelty, uniqueness

route 길, 경로

예문: They took the scenic route to enjoy the view.

그들은 경치를 감상하기 위해 경관이 아름다운 길을 택했다.

동의어: path, way, course

반의어: detour(우회 경로)

rupture 파열, 분열

예문: A rupture in the pipe caused flooding in the building.

파이프의 파열로 건물이 침수되었다.

동의어: tear, break, split

반의어: unity, repair

eruption 분출, 폭발

예문: The volcano's eruption caused massive destruction in the area.

화산의 분출로 인해 그 지역은 큰 피해를 입었다.

동의어: explosion, outburst

반의어: containment, suppression

bankruptcy 파산

예문: The business declared bankruptcy after years of financial struggle.

그 기업은 수년간의 재정적 어려움 끝에 파산을 선언했다.

동의어: insolvency, liquidation

반의어: solvency, wealth

ogre 오우거, 괴물

예문: The story describes the ogre as a terrifying creature.

그 이야기는 오우거를 무서운 존재로 묘사하고 있다.

동의어: monster, giant

en route 도중에, 가는 길에

예문: They stopped for lunch en route to the airport.

그들은 공항으로 가는 길에 점심을 먹기 위해 멈췄다.

동의어: on the way, in transit

router 라우터, 네트워크 장비

예문: The router allowed multiple devices to connect to the internet.

라우터를 통해 여러 장치가 인터넷에 연결될 수 있었다.

동의어: network device, gateway(네트워크 경로 설정 장비)

pilgrimage 순례, 성지 참배

예문: Many people make a pilgrimage to Mecca as part of their faith.

많은 사람들이 신앙의 일환으로 메카를 순례한다.

동의어: journey, quest, expedition

반의어: ordinary travel, mundane journey

devotion 헌신, 몰두

예문: Her devotion to her family is truly admirable.

그녀의 가족에 대한 헌신은 정말 존경할 만하다.

동의어: dedication, commitment, loyalty

반의어: neglect, apathy

ritual 의식, 관습적인 절차

예문: The tribe performed a ritual to celebrate the harvest.

그 부족은 수확을 기념하기 위해 의식을 거행했다.

동의어: ceremony, rite, tradition

반의어: spontaneity(즉흥성), improvisation(즉흥)

contemplation 깊은 생각, 묵상

예문: He sat in contemplation by the lake, reflecting on his life.

그는 호숫가에 앉아 자신의 삶을 되돌아보며 깊은 생각에 잠겼다.

동의어: meditation, reflection, consideration

반의어: distraction, neglect

solitude 고독, 혼자 있음

예문: Many find peace in solitude.

많은 사람들이 고독 속에서 평온을 찾는다.

동의어: isolation, seclusion

반의어: companionship, community

persistence 끈기, 지속됨

예문: Her persistence led her to achieve her dreams.

그녀의 끈기가 꿈을 이루는 데 도움이 되었다.

동의어: determination, perseverance

반의어: surrender, capitulation

authenticity 진정성, 진실성

예문: Authenticity is essential for building trust.

진정성은 신뢰를 쌓는 데 필수적이다.

동의어: genuineness, sincerity

반의어: falseness, artificiality

humility 겸손, 겸허

예문: Humility is a valued trait in many cultures.

겸손은 많은 문화에서 가치 있는 특성으로 여겨진다.

동의어: modesty, humbleness

반의어: arrogance, pride

faith 신념, 믿음

예문: Her faith in humanity inspired others.

그녀의 인간에 대한 신념은 다른 사람들에게 영감을 주었다.

동의어: belief, conviction, trust

반의어: doubt, skepticism

virtue 미덕, 도덕적 우월성

예문: Patience is considered a virtue.

인내는 미덕으로 여겨진다.

동의어: goodness, morality

반의어: vice, immorality

profound 심오한, 깊은

예문: The experience had a profound impact on him.

그 경험은 그에게 깊은 영향을 미쳤다.

동의어: deep, intense, thoughtful

반의어: superficial, shallow

endurance 인내, 지구력

예문: Endurance is key in long-distance running.

장거리 달리기에서 인내력이 핵심이다.

동의어: stamina, resilience

반의어: weakness, fatigue

13

"미신superstition"보다 무서운 "미신에 대한 미신"

미신superstition과 과학science

스티비 원더의 노래 〈슈퍼스티션Superstition〉은 가벼운 미신에 대한 노래다. 뭔가를 충분한 객관적, 과학적 근거 없이 믿는다면 그것은 쉽게 미신이 된다. superstition은 잘못된 종교적 믿음, 초자연적인 것에 대한 비합리적인 믿음 등을 의미한다.

이것은 라틴어 수퍼스티티오넴superstitionem으로부터 유래했는데, 이 말은 예언, 위로하는 말, 초자연적인 것에 대한 두려움, 신에 대한 과도한 두려움 등을 의미한다. 좀 더 쉬운 관점으로 단어를 분석해 보면 superstition은 super와 -stition으로 나눌 수 있다. super는 슈퍼맨superman에서도 알 수 있듯이 뭔가를 초월하거나, 위치상 위에 있는 것을 의미한다. -stition은 stand, assist, persist 등의 단어에서 볼 수 있듯이, 서 있는 것st-을 의미하는 뿌리를 갖고 있다. superstition은 간단하게는 "서있는 것 위" 혹은 "위에 서 있다"는 말이다.

인간이 갖고 있는 세계를 높이로 구분해 본다면, 인간의 키 높이 이상의 것들은 닿기 어렵다. 손이 닿기 어려운 구체적 경험적 한계는 곧장 관념적으로 이해할 수 없다는 것으로 유비된다. '이해하다'라는 뜻의 동사 understand를 "남의 아래 서다"라는 말로 분석하면서 타인을 이해하기 위해서는 남보다 겸손하게, 남보다 아래 서야 한다고 풀이하기도 한다. 어떤 것이 자신의 높이 아래에 있으면 통제하거나 이해하기가 쉽다. 자기의 영향력 아래 위치하기 때문이다.

이런 관점에서 본다면, 어원적으로 superstition과 understand는 정확하게 반대로 대응되는 구조를 갖고 있는 셈이다. 그렇기 때문에 superstition은 인간의 이해 "위에 서있는, 초월해서 존재하는" 의미로 추상할 수 있다. 단어의 분석만으로 본다면, 여기에는 어떤 도덕적인 판단의 의미가 개입되어 있지는 않는 것 같다.

하지만 미신에 대한 사람들의 반응은 매우 가혹하게 비판적이다. 미신이라는 말은 이미 사회적인 비판적 평가가 내포된 단어다. 무언가에 대해서 '미신이다, 미신적이다'라고 말하는 것은 단순히 객관적인 지칭이나 묘사 이상으로 도덕적이며 주관적인 비판이 반영되어 있다. 그렇기 때문에 누군가의 행동이나 믿음에 대해서 그것을 무심코 "미신적"이라 한다면 분명 큰 시빗거리가 될 것이다.

헌법에서 종교의 자유를 보장하고 있고, 미신은 일종의 개인적인 믿음의 영역이라고 한다면, 미신에 대한 사회 전체적인 폄훼와 비판은 종종 불공평해 보인다.

미시적으로 살펴본다면 현대인들은 일상 속에서 늘 미신적인 것들과 함께 살아왔고, 또 현재도 그렇게 살고 있다. 미신적인 어떠한 요소도 존재하지 않는 삶은 가능하지 않다. 사람들은 저마다 이성적이고 합리적인 삶을 지향하고, 또 그렇게 살고 있다고 말하겠지만, 살펴보면 생각보다 많은 것들이 미신과 주술적인 것에 관계가 있다.

미신에 대한 사람들의 판단은 매우 선택적이다. 대체적으로 기분에 좌지우지되는 편인 것 같다. 봐서 괜찮은 것 같으면 용인되지만, 그렇지 않으면 미신으로 폄하한다. 내가 쓰면 풍수고, 남이 쓰면 미신이라는 식이다. 기독교에서는 사주팔자를 미신으로 치부하지만, 그걸 강조하는 목사님은 개띠라는 프레임에서 자유롭지 않다.

뭔가 엽기적이고, 비합리적이며, 때로 부정의하고, 부당하게 행해졌던 어떠한 사회적 습속에 미신이라는 이름이 부여된 것은 역사적인 사실이다. 구한말에서 근대 초기에 이르기까지 한국 사회에 존속했던 미신들은 매우 끔찍하고, 괴기스러우며, 그로테스크하고, 공포스러운 것이었다. 그것으로 인해 실제로 위협을 받거나 생명을 잃게 되는 극단적인 사례까지 빈번하게 있었던 것은 몇몇 기록들만 살펴봐도 금방 확인할 수 있다.

한국의 미신적 사회 문화상에 대한 이창익의 연구는 엽기적이면서도 흥미로운 미신의 사례를 많이 보여 주고 있다. 지독한 가뭄을 견디지 못한 사람들은 높은 산에 올라가 집단으로 방뇨를

했고, 또는 가뭄이 누군가가 매장을 잘못해서 그런 것이라 믿으며 남의 무덤을 함부로 파헤치기도 했다고 한다. 산으로 소를 끌고 올라가서 도살한 후, 피와 살을 산에 뿌리기도 했는데, 그것은 일종의 기우제이기도 했다. 지금의 관점으로야 터무니없는 짓들이지만, 거의 100여 년 전에 있었던 일들이다.

이창익의 연구에서 특히 공포스럽게 소개된 것은 인육 포식에 대한 사례들이다. 불치병에 걸린 절박할 대로 절박해진 사람들은 사람 고기를 먹기도 했다. 특정한 장기, 특히 어린이의 특정 장기 등을 먹으면 병이 치유된다고 믿는 바람에 납치와 살인 등이 빈번하게 일어났었다. 분명 어리석은 믿음으로 인한 공포스러운 범죄였던 것은 틀림없다.

당시의 신문에 보도되었던 것으로 볼 때, 그러한 사건들은 꽤 엽기적으로 이루어졌고 현대에 보도되는 공포스러운 살인 사건을 능가할 만큼, 사건 자체에 대한 묘사는 매우 생생하게 공포스럽다. 대부분 무지몽매한 미신으로 인해 생겨난 것으로 당시의 언론은 보도했다고 한다. 미신은 얼마나 어리석은 것인지! 미신적인 것에 대한 현대인들의 태도는 여전히 그 파장에서 벗어나지 않는다.

한국에서 벌어진 미신으로 인한 사건, 사례들에 대한 수집과 조사 및 연구는 대부분 일본 학자들에 의해서 이루어졌다. 일제는 자신들의 식민 통치를 정당화하는 문화적 방법으로 당시 조선이 얼마나 비합리적인 미신에 물들어 있는지를 연구했다. 그래서 일제 치하에서 이루어진 대부분의 한국 민속에 대한 연구는 일본 학자들에 의해서 이루어진 것들이었다. 지금으로 치면 일본 정부의 어용 연구였던 셈이다.

하지만, 그때 일본 학자들에 의해 이루어졌던 연구가 여전히 한국 민속 연구에 많은 의미와 가치를 갖고 있는 것은 매우 아이러니하다. 아마도 가장 널리 알려진 연구는 무라야마 지준의 『조선의 점복과 예언』이라고 할 수 있을 것이다. 어떤 면에서, 이 책은 한국의 미신에 대한 나름대로의 문화적 미시사에 관한 연구라고 할 수 있다. 비록, 그것이 총독부의 지침에 의해서 실시된 민속학적 연구였기는 하지만, 여전히 무라야마 지준의 저서는 매우 중요한 학술적인 가치를 갖고 있다.

재미있는 것은, 이 책의 내용 대부분이 당시 횡행하던 어리석고 공포스러운 미신을 소개하면서 자연스럽게 당시 한국의 문화적, 민속적 습속을 분류하고 분석하고 설명해 주고 있다는 것이다. 하지만 지준의 연구 대상에 동양 술수의 고급 점술인 육임, 자미두수, 명리학 등이 빠져 있다는 것은 매우 의미심장한 점이다. 여기에 대해서 김만태는 육임, 명리학, 자미두수 등의 고급 동양 술수는 책이 목적하는 바에 부합할 만큼 비합리적이고 미신적이지 않았던 것에서 이유를 찾고 있다. 책의 목적 자체가 비합리적이고 무작위적인 미신적 습속을 파헤치는 것인데, 육임, 자미두수, 명리학은 학술적인 체계가 매우 분명하기 때문이다.

『조선의 점복과 예언』에는 이순신 장군에 대한 한 가지 사례가 소개되어 있다. 지준에 따르면, 이순신은 총탄을 맞고 운명하기 전에 부하들에게 이런 지시를 내렸다고 한다.

내가 죽거든 내 발바닥에 흙을 묻히고, 내 입에 떡을 물려라.

이순신이 총탄에 맞은 것으로 생각했던 적장은 조선군에 별다른 혼란이 없자, 어떻게 된 일인지 알고자 점을 친다. 그러자 적장의 점괘에 이순신 장군이 땅에 두 발로 서서 떡을 먹고 있는 상으로 나타났다고 한다. 이순신은 적장이 점으로 자신의 전사 유무를 알고자 할 것을 미리 파악했던 것이다. 이순신 장군 자신도 전투를 앞두고 주역점을 종종 치곤 했다는 기록이 있다는 것으로 보아, 과거엔 점을 치는 것이 매우 일상적인 일이었던 듯싶다.

현대인들도 매일 점을 보며 살아간다. 점쟁이를 찾아가서 점을 친다는 의미가 아니다. 점집을 찾아가지는 않지만, 인간은 누구나 자신 나름대로의 점을 치고, 또 미래를 예측하며 살아간다. 왜냐하면, 미래를 예측하는 것은 인간의 생존에 있어서 가장 중요한 일이기 때문이다.

올해 여름은 유독 길고 뜨거웠다. 뉴스에서는 더위가 언제까지 이어질 것이라고 과학적인 근거를 갖고 말하지만, 개인들은 저마다 언제쯤 더위가 그칠지를 한 번쯤 예측해 보았을 것이다. 그러한 예측은 종종 기대와 쉽게 구별되지 않는다. 뭔가를 기대하는 행위는 반드시 예측을 전제로 이루어진다. 예측하기 위해서 우리는 늘 내면 속에서 일종의 점을 볼 수밖에 없다. 여기엔 어떤 점 치는 행위도 없고, 점법도 없고, 점구도 없지만 말이다.

대부분의 인간에게 점의 메커니즘과 유사한 방식으로 현실을 예측하고 이해하지 않을 때는 단 한순간도 없을 것이다. 자신이 영위하는 현실이 평소와 같이 유지될 수 있는 것은, 바로 그 평소와 같이 유지될 것이라는 믿음 때문이다. 그것은 충분히 객관적인 근거 없이 이루어진다는 점에서 본질적으로 미신적일 수 있다. 만약 매 순간 그러한 믿음을 객관적으로 확인하려 한다면, 평범한 일상은 가능하지 않을 것이다.

매 순간 고향의 친구들이 잘 살고 있는지 전화를 해야 할 것이고, 타고 나갈 자동차의 타이어가 괜찮은지 점검해야 하고, 식당에서 먹는 음식이 안전한지 분석해야 하며, 처음 누군가를 만날 때 신분이 확실한 사람인지 확인해야 할 것이다.

그 모든 일상이 아무런 수고스러운 검증 절차 없이 그대로 진행될 수 있는 것은, 그것이 괜찮을 것이라는 믿음이 있기 때문이다. 하지만 그러한 믿음은 어떤 면에서 거의 허구에 가깝다. 근거가 없음에도 불구하고 자신이 믿고 싶은 대로 믿기 때문이다. 그러한 믿음이 깨질 때, 일상은 크게 휘청거린다.

우리는 종종 한국에 있을 것으로 생각한 친구가 사실 오래전 이민을 갔다는 사실을 알게 되기도 한다. 예상하지 못한 열차 사고로 약속을 지키지 못하고, 특히, 변덕스러운 날씨 때문에 갑자기 일정을 바꾸기도 한다. 그런 순간들은 모두 자신이 나름대로 예측했던 "점"이 빗나가는 순간이기도 하다.

아주 미시적으로, 그리고 객관적으로 분석해 본다면, 우리들 삶의 구석구석에는 점과 예측과 그리고 그것에 대한 믿음이 일종의 사회적 관성처럼 존재한다는 것을 알 수 있다. 그리고 그것들은 모두 문화적으로, 민속학적으로 매우 흥미로운 소재들이기도

하다.

　무턱대고 미신을 부정하고 폄하하는 것은 또 다른 미신과 다를 바 없다. 점과 사주팔자, 풍수 그리고 관상으로 이어지는 동양 술수는 종종 미신으로 여겨진다. 하지만, 동양 술수학에는 단순한 미신과는 질적으로 다른 학술적 체계가 존재한다. 그럼에도 불구하고 그것이 주먹구구식으로 이루어지는 기만적인 미신적 믿음과 혼동된다는 것은 매우 유감스러운 일이다.

　개화, 계몽, 문명, 그리고 과학으로 이어지는 현대 사회의 거시적인 흐름은 과거의 정신적 문화적 유산들을 맹목적으로 부정했다. 안타까운 것은 오히려 서구에서는 그러한 과거의 문화적 유산들이 구시대적인 것임에도 불구하고 여전히 문화적으로 보호되고 가치를 인정받고 있는 반면에, 한국에서는 그러한 것들이 너무나도 빨리 급진적이며 전면적으로 부정되었고 또 소멸되었다는 사실이다.

　미신은 종종 동양과 서양을 나누는 변별점의 역할을 하기도 한다. 근대 문물과 과학 문명의 발달로 인해 서양은 합리성, 논리, 근대성이라는 가치를 가진 것으로 여겨져 왔다. 반면, 비합리성, 주술적, 미신적, 전근대성은 전적으로 동양적인 것처럼 여겨졌다. 하지만 이런 식의 무모한 구분은 별로 합리적이지 않다. 서양은 여전히 주술과 미신이 공존하고 있는 문화이고, 동양 역시 합리적인 사유와 전통이 없는 것은 아니기 때문이다.

　흔히 미신은 과학의 대척점에 있는 것처럼 여겨진다. 하지만 실제 과학의 최선봉에 있는 과학자들 중에는 그렇지 않았던 사람들도 종종 있었다. 닐스 보어는 자신의 집 현관 위에 말 편자를 걸어 놓았었다. 서양에서 말 편자는 행운을 가져온다는 상징물로 여겨지는데, 이것은 흔한 미신 중 하나다. 양자역학 분야 최고의 과학자가 이런 사소한 미신을 믿는 게 어이가 없었던지, 보어의 집을 방문했던 동료가 보어에게 이렇게 말한다. "아니 정말 이걸 믿는 것은 아니겠죠?" 그러자 보어가 말한다. "물론, 저도 믿지는 않습니다. 하지만 믿지 않는 사람에게도 효과는 있는 것 같더라고요."

리처드 도킨스 역시 과학적 세계관을 가진 가장 대표적인 학자라고 할 수 있다. 그에게는 아끼는 장서가 몇 권 있었는데, 그중에는 찰스 다윈의 『종의 기원』 초판본도 있었다. 어느 다큐멘터리에서 그는 자신이 소장하는 그 책을 마치 보물을 다루듯 소중히 다루면서 이렇게 말했다고 한다. "이 책 덕분에 초자연적인 것을 믿을 필요가 없어졌죠."

그가 책을 아주 극진히 소중하게 다룬 것은 단지 책값이 비싸기 때문만은 아니었을 것이다. 책을 대하는 그의 태도는 분명 초자연적인 것에 대한 경외처럼 보였다고 한다.

좀 더 극적인 사례는 야구와 관계가 있다. 2007년도에 양키스 스타디움을 건설하는 공사가 있었다. 공사에 동원된 캐스틱놀리라는 인부는 당시 양키스의 숙적이라고 할 수 있는 레드삭스의 팬이었다. 그는 공사를 진행하던 어느 날 레드삭스 선수의 유니폼을 입고 와서는, 양키스 스타디움의 어느 한 장소에 레드삭스 선수의 이름이 새겨진 유니폼을 묻는다. 일종의 저주 아닌 저주 같은 행위를 한 것이다. 객관적으로 본다면, 그의 행위는 거대한 스타디움 어딘가 한 구석에 그냥 티셔츠 한 장을 묻은 것과 같다. 그럼에도 불구하고, 이러한 사실을 알게 된 양키스 구단의 관계자들은 라이벌 선수의 이름이 새겨진 티셔츠를 파내기로 결정한다. 더구나 그냥 파낸 것도 아니고 적절한 의식을 진행하면서 꺼냈는데, 그 자리엔 많은 기자들과 방송사들도 있었다. 티셔츠를 꺼내는 공사는 5시간이나 걸렸다. 발굴된 티셔츠는 경매를 통해 판매되었는데, 17만 5천 달러에 팔렸다고 한다. 양키스 구단이 그 티셔츠 한 장을 그냥 무시하고 지나치지 못한 그 감정의 근원은 무엇이었을까?

미신이 갖고 있는 사회 문화적 의미와 가치를 아무리 옹호하려고 해도, 여전히 개인을 괴롭히고 혹세무민하는 미신은 존재한다. 그것은 법률 체계가 발달하고 범죄자를 수감하는 시스템이 발달해도 여전히 범죄가 일어나는 것과 같은 맥락이다. 그럼에도 불구하고 미신과 연계된 사회적 이슈는 자주 실제보다 과장되거나 부풀려지는 경향이 있다. 관성적인 미신 기피증이 있기 때문일까? 기성 종교, 혹은 꽤 규모가 있는 종교 단체에서도 여전히 황당한 사건과 범죄는 이루어지고 있음에도 말이다.

미신이 개인에게, 혹은 인류에게 끼친 해악은 그래 봤자, 과학이 끼친 것에 비하면 아주 미미하다. 만약 미신에 쏟아지는 비난의 근원이 미신으로 인해 인간이 받을 수 있는 피해 때문이라면, 과학은 이미 오래전에 매장되었어야 한다. 과학만큼 인간을 집단적으로 대량 살상했던 것은 없다. 잔혹했던 중세의 종교 재판, 인종 간의 갈등으로 인한 집단 린치, 국가 간의 이념 대립으로 인한 갈등도 있었지만, 과학만큼 무자비하고, 맹목적으로 인간을 해치는 것은 없었다.

많은 과학 기술들이 궁극적으로는 인간의 살상을 목표로 하는 군사 기술로 수렴되는 것은 매우 아이러니하다. 미신에 대해서는 그것이 인간에게 피해를 주기 때문에 비합리적인 것으로 비난하고 사회적으로 매장하려 하면서, 정작 과학 기술이 과시하는 미사일 제조, 핵폭탄 제조, 개량된 총기류에 대해서는 누구도 비난하지 않는다. 9시 뉴스에 아무렇지 않게 소개되는 군사 장비들은 사실 궁극적으로는 인간의 살상을 목표로 하고 있는 것이지만, 현대인들은 마치 다이슨 청소기나 새로 나온 삼성 텔레비전을 보는 것처럼 생각하는 것 같다. 그것들은 모두 궁극적으로 지구 어딘가에 정말 살아 숨 쉬는 인간들에게 죽음을 불러오게 할 무기임에도 불구하고 말이다.

오펜하이머는 그런 면에서 미신보다 더 위험한 과학의 어두운 면을 인지하고 또 인정했던 과학자라고 할 수 있을 것 같다. 핵폭탄을 만들고 나서, 그는 진정 자신이 만든 것이 인류에게 어떤 영향을 끼칠 수 있을지를 분명히 깨닫는다. 그것에 비하면 미신이 갖고 있는 위험성이란 기껏해야 부적과 굿, 그리고 기만적인 굿으로 지출된 지폐 다발에 불과하지 않은가? 그럼에도 불구하고 미신이 마치 핵폭탄보다 더 무서운 것처럼 과장되게 비난하는 것은 분명 "미신"보다 더 무서운 "미신에 대한 미신"이 아닐 수 없다.

알고리즘 voca

superstition 미신

> 예문: Many people consider black cats crossing their path as a superstition for bad luck.
>
> 많은 사람들은 검은 고양이가 길을 가로지르면 불운을 가져온다는 미신을 믿는다.
>
> 동의어: irrational belief, myth
>
> 반의어: fact, science

rational 합리적인

> 예문: Making rational decisions is essential in stressful situations.
>
> 스트레스가 많은 상황에서 합리적인 결정을 내리는 것이 중요하다.
>
> 동의어: logical, sensible
>
> 반의어: irrational, illogical

perspective 관점

> 예문: Different cultures have unique perspectives on superstitions.
>
> 각 문화는 미신에 대해 독특한 관점을 가지고 있다.
>
> 동의어: viewpoint, angle
>
> 반의어: blindness

dimension 차원

예문: This theory adds a new dimension to our understanding of human beliefs.

이 이론은 인간의 신념에 대한 이해에 새로운 차원을 더한다.

동의어: aspect, facet

analyze 분석하다

예문: Researchers analyze superstitions to understand cultural fears.

연구자들은 문화적 두려움을 이해하기 위해 미신을 분석한다.

동의어: examine, dissect

반의어: ignore

abstract 추상적인

예문: The concept of superstition is often quite abstract.

미신이라는 개념은 종종 매우 추상적이다.

동의어: conceptual, theoretical

반의어: concrete, tangible

control 통제하다

예문: People often feel comforted by superstitions as if they help control fate.

사람들은 종종 미신을 통해 운명을 통제할 수 있는 듯한 위안을 느낀다.

동의어: govern, manage

반의어: submit, surrender

evaluate 평가하다

예문: It is important to evaluate the impact of superstitions on society.

미신이 사회에 미치는 영향을 평가하는 것이 중요하다.

동의어: assess, judge

반의어: disregard

justify 정당화하다

예문: Some may try to justify superstitions as cultural practices.

일부 사람들은 미신을 문화적 관습으로 정당화하려고 할 수도 있다.

동의어: validate, rationalize

반의어: condemn

interpret 해석하다

예문: Different people interpret superstitions differently.

사람들은 미신을 각기 다르게 해석한다.

동의어: explain, clarify

반의어: misunderstand

skepticism 회의론, 의심

예문: There is growing skepticism about superstitions in the modern world.

현대 사회에서는 미신에 대한 회의론이 점점 커지고 있다.

동의어: doubt, disbelief

반의어: belief, trust

folklore 민속, 전통

예문: Folklore often includes a variety of superstitions.

민속 전통에는 종종 다양한 미신이 포함되어 있다.

동의어: tradition, culture

prophecy 예언

예문: Many ancient prophecies were based on superstitions.

많은 고대 예언들은 미신에 근거하고 있었다.

동의어: prediction, forecast

반의어: history(이미 일어난 일)

inevitably 필연적으로

예문: When facing uncertainty, people inevitably seek comfort in superstitions.

불확실한 상황에 직면하면 사람들은 필연적으로 미신에서 위안을 찾는다.

동의어: necessarily, unavoidably

반의어: optionally

invoke 불러내다, 기원하다

예문: The villagers invoked the spirits during the drought.

마을 사람들은 가뭄이 들었을 때 영혼들에게 기원했다.

동의어: call upon, summon

반의어: dismiss

irrational 비합리적인

예문: Some superstitions are rooted in irrational fears.

일부 미신은 비합리적인 두려움에서 비롯되었다.

동의어: unreasonable, absurd

반의어: rational, logical

cultural 문화적인

예문: Superstitions are often passed down as cultural beliefs.

미신은 종종 문화적 신념으로 전승된다.

동의어: societal, traditional

absurd 터무니없는, 불합리한

예문: Some superstitions may seem absurd to outsiders.

일부 미신은 외부인들에게 터무니없어 보일 수 있다.

동의어: ridiculous, preposterous

반의어: logical, sensible

perception 인식, 지각

예문: The perception of superstitions varies widely between cultures.

미신에 대한 인식은 문화마다 크게 다르다.

동의어: understanding, insight

반의어: ignorance

historical 역사적인

예문: Many superstitions have deep historical roots.

많은 미신들은 깊은 역사적 뿌리를 가지고 있다.

동의어: ancient, traditional

반의어: contemporary

sociological 사회학적인

예문: There are sociological factors that influence superstitious beliefs.

미신적 신념에 영향을 미치는 사회학적 요인들이 있다.

동의어: social, anthropological

validate 입증하다, 인정하다

예문: Researchers attempt to validate or debunk superstitions.

연구자들은 미신을 입증하거나 반박하려고 한다.

동의어: verify, confirm

반의어: invalidate, refute

14

춤추는 발라드ballad, 노래하는 ICBM

공ball과 상징symbol

3층 크리스탈 볼룸 오전 10시. 종종 누군가의 청첩장에는 이렇게 시간과 장소가 표시되어 있었다. 볼룸ballroom은 무도회장이나 춤추기 위해 따로 마련된 장소를 말한다. 과거엔 교회나 성당에서 결혼식을 했을 텐데, 지금은 춤추는 댄스홀이 결혼식장의 대부분을 차지하게 되었다. 사실 춤추는 곳이 아닌데도 이름은 볼룸인 경우가 많다.

영어 단어 ball은 사전을 찾아볼 것도 없다. 축구나 야구, 테니스에서 볼은 늘 한국어처럼 사용되는 말이다. 그런데, 어떻게 공을 의미하는 말이 춤추는 연회장을 의미하는 단어가 되었을까?

둥근 공을 의미하지만, 공의 주된 용도가 던지는 것이다 보니, ball이라는 어원에 담겨 있는 중요한 의미는 "던지다"라는 뜻이다. 공이든 뭐든 하늘을 향해 던지면 커다란 활과 같은 호를 그리며 떨어진다. 투척된 물체의 움직임과 관련되어 있다는 의미의

ballistic은 바로 ball의 운동 성질과 관계가 있는 것이다. 대륙 간 탄도 미사일을 ICBM이라고 하는데, Intercontinental Ballistic Missile의 머리글자다.

ball에는 '춤을 추다'는 뜻이 있다. 던지는 것과 춤추는 것이 관계없는 의미 같지만, 춤춘다는 의미는 "자신의 몸을 던진다"는 뜻에서 파생되었다. 춤을 추는 것이 몸의 움직임의 흐름에 자신을 던지는 것으로 파악한 것이다. ball에 담겨 있는 춤춘다는 의미가 가장 분명하게 나타난 단어는 발레ballet다.

누구나 알고 있는 대표적인 춤 예술인 ballet는 ball이 춤춘다는 뜻으로 실현된 가장 대표적인 단어다. 노래의 장르로 알려져 있는 발라드ballad 역시 춤을 춘다는 뜻의 ball이 포함되어 있다. 발라드는 '노래에 맞춰 춤추다' 혹은 '춤추는 노래'의 의미로 분석될 수 있다.

존 바에즈의 노래 〈조디Geordie〉는 영국에 전래되어 내려오는 발라드ballad를 바탕으로 가사가 쓰여진 노래다. 짧은 노래지만 액자식 구성으로 슬픈 이야기를 전해 준다. 중세의 발라드에는 초자연적이고 신비스러운 것, 그리고 슬픈 이야기들이 놀랍도록 사실적으로 묘사되어 있다.

내가 런던 브리지를 지나 걷고 있을 때
안개 낀 이른 아침이었죠
한 아름다운 젊은 여인이
그녀의 조디를 위해 슬퍼하며 노래하더군요

아, 내 사랑 조디는 황금 사슬에 매달려 처형될 거예요
그건 평범한 죄인의 사슬이 아니에요
그는 왕족의 피를 타고났고
고귀한 여인의 연인이었죠

내 하얀 말을 안장 지워 주세요
내 조랑말도 준비해 주세요
나는 런던 법정으로 달려갈 거예요
조디의 생명을 구걸하기 위해

아, 조디는 소 한 마리도 훔친 적이 없어요
그 누구에게도 해를 끼치지 않았죠
그저 왕의 사슴 열여섯 마리를
보헤니라는 곳에서 팔았을 뿐이에요
...

As I walked out over London bridge
One misty morning early,
I overheard a fair pretty maid
Was lamenting for her Geordie.

Ah, my Geordie will be hanged in a golden chain,
'Tis not the chain of many

He was born of king's royal breed

And lost to a virtuous lady.

Go bridle me my milk white steed,

Go bridle me my pony,

I will ride to London court

To plead for the life of my Geordie.

Ah, my Geordie never stole nor cow nor calf,

He never hurted any,

Stole sixteen of the king's royal deer,

And he sold them in Bohenny.

…

왕가에서 태어난 남자가 어느 아름다운 여인과 사랑에 빠진다. 하지만 금지된 사랑으로 인해 교수형에 처하게 된 남자의 목숨을 구하기 위해, 여인은 자신의 아이까지 바치려 한다. 하지만 결국 조디를 구하지는 못한다. 내러티브의 생생함과 간결하고 극적인 대사까지 구비한 발라드는 그 자체가 한편의 드라마 같다.

ballad라는 말은 ball이 '춤'을 의미하고, 뒤에 붙은 -ad는 '노래'를 의미하는 ode의 변형된 형태다. 영어에서 ode는 현대까지도 '노래'라는 의미로 많이 사용된다. 낭만주의 시대에는 시의 제목에도 ode가 많이 사용되었다. ode는 유명한 셸리의 「서풍부Ode to the West Wind」부터 키츠의 「우울에 바치는 송가 Ode on Melancholy」까지 시를 의미하는 단어로도 많이 사용되었다.

'희극'을 의미하는 comedy라는 '즐거운 잔치'를 의미하는 komos와 '노래'를 의미하는 ode의 결합으로 이루어진 단어다. 잔치에서 즐겁게 부르는 노래가 자연스럽게 연상된다. 반면 '비극'을 의미하는 tragedy에는 '염소'를 의미하는 tragos라는 단어가 포함된다. 어떤 곳에서는 제사에 염소를 바치는 관습에서 '염소의 노래'라는 의미로 파생되었다고 한다.

'상징'을 의미하는 symbol에도 ball이 포함되어 있다. symbol은 '함께'라는 의미의 sym과 '던지다'라는 뜻으로 사용된 ball이 결합된 단어다. 풀이한다면 "함께 던진다"는 정도의 의미라고 할 수 있다. 함께 던지는 동작이 어떻게 사물에 담겨 있는 추상적 의미를 의미하게 되었을까? 아마도 여기서 던진다는 행위는 의미를 투사한다는 것으로 이해해야 할 것 같다. 실제, 한국어의 "투사"라는 의미에서 "투"는 던질 투投를 사용한다. 외부의 사물에 의미를 투영, 투사한다는 의미에는 모두 던진다는 물리적 행위가 포함되어 있다.

의미의 작용을 일으키는 과정에 동서양 모두 공통적으로 "던지다"라는 단어를 사용한 것은 단순한 우연 이상으로 인간의 보편적인 직관에 영향을 받은 결과라고 여겨진다. 그래서, 심볼 symbol은 다중의 무리들이 객관적 사물에 공통된 의미를 투사함으로써 생겨난 사회적 기호로 이해된다.

살다 보면 많은 문제에 직면한다. 삶의 문제들은 어느 순간

갑자기 자기 앞에 던져진다. 영어의 problem은 바로 "앞에 던져져 있다"는 뜻을 갖고 있는 말이다. pro-는 '앞'을 의미하는 대표적인 접두사로 사용된다. 앞을 내다보고 전망한다는 prospect, 앞에서 가려 주고 보호한다는 의미의 protect, 앞으로 전진한다는 proceed 등, 모두 pro-가 '앞'을 의미하는 어원으로 사용된 말들이다. 그래서 problem은 앞_{pro-}에 뭔가가 던져진_{ble-(ball)} 것을 의미한다. 뒤에 던져진 것은 이미 문제될 것이 없다. 내가 나아가야 하는 길 앞에 떨어져서 문제인 것이다.

ballroom 무도회장

예문: The couple held their wedding in a grand ballroom.

그 부부는 웅장한 무도회장에서 결혼식을 열었다.

동의어: dance hall, hall

ball 공, 던지다, 춤을 추다

예문: They threw the ball to each other during the game.

그들은 경기 도중에 서로 공을 던졌다.

동의어: sphere, orb(공), toss, throw(던지다)

반의어: catch(받다)

ballistic 탄도학의, 운동의

예문: The missile follows a ballistic trajectory.

그 미사일은 탄도 궤적을 따른다.

동의어: projectile-related, flight-related

반의어: static

ICBM(Intercontinental Ballistic Missile) 대륙 간 탄도 미사일

예문: ICBMs are designed to deliver nuclear warheads across continents.

ICBM은 대륙을 넘어 핵탄두를 전달하도록 설계되었다.

동의어: long-range missile

반의어: short-range missile

ballet 발레, 무용

예문: She started ballet classes at a young age.

그녀는 어린 나이에 발레 수업을 시작했다.

동의어: dance, performance art

ballad 발라드, 서사적 노래

예문: The old ballad told a story of lost love.

그 오래된 발라드는 잃어버린 사랑의 이야기를 전했다.

동의어: folk song, narrative song

ode 송가, 시가

예문: The poet wrote an ode to spring.

그 시인은 봄을 찬양하는 송가를 썼다.

동의어: tribute, hymn

comedy 희극

예문: Shakespeare's comedies are full of witty dialogues.

셰익스피어의 희극은 재치 있는 대사들로 가득하다.

동의어: humor, farce

반의어: tragedy

project 투사하다, 계획하다

예문: The artist projected her emotions onto the canvas.

그 예술가는 자신의 감정을 캔버스에 투영했다.

동의어: plan, forecast

반의어: retract

projection 투사, 예측

예문: The weather projection indicated rain for the weekend.

기상 예보에 따르면 주말에 비가 올 것으로 예상된다.

동의어: estimate, forecast

반의어: hindsight

problem 문제

예문: The team faced a problem with the new software.

그 팀은 새로운 소프트웨어와 관련된 문제에 직면했다.

동의어: issue, dilemma

반의어: solution

pro- 앞(접두사)

예문: He is very proactive in his approach to learning.

그는 학습에 있어 매우 주도적인 태도를 보인다.

동의어: forward, ahead

반의어: retro-(뒤)

prospect 전망, 예상

예문: The job offers good career prospects.

그 직업은 좋은 경력 전망을 제공한다.

동의어: possibility, outlook

반의어: retrospect

protect 보호하다

예문: Sunscreen helps protect your skin from UV rays.

자외선 차단제는 피부를 UV 광선으로부터 보호하는 데 도움을 준다.

동의어: guard, defend

반의어: expose

proceed 진행하다

예문: They decided to proceed with the project.

그들은 프로젝트를 계속 진행하기로 결정했다.

동의어: continue, advance

반의어: halt, stop

composure 평정, 침착

예문: She maintained her composure during the interview.

그녀는 면접 동안 침착함을 유지했다.

동의어: calmness, serenity

반의어: agitation

social 사회의, 사회적인

예문: Social media has changed the way people communicate.

소셜 미디어는 사람들이 소통하는 방식을 변화시켰다.

동의어: communal, societal

반의어: individual

tangible 만질 수 있는, 실질적인

예문: The success of the project brought tangible results.

그 프로젝트의 성공은 실질적인 결과를 가져왔다.

동의어: concrete, real

반의어: abstract

intention 의도, 목적

예문: His intention was to help, not to hinder.

그의 의도는 방해가 아니라 돕는 것이었다.

동의어: purpose, aim

반의어: accident

lament 슬퍼하다, 애도하다

예문: She lamented the loss of her childhood home.

그녀는 어린 시절 살던 집을 잃은 것에 대해 슬퍼했다.

동의어: mourn, grieve

반의어: celebrate

15

우라노스Uranus에 생명의 비가 내린다

우라노스Uranus와 크로노스Cronus

그리스 신화에 등장하는 최초의 아버지는 아마도 우라노스 Uranus, Ouranos일 것이다. 최초의 카오스chaos로부터 태어난 우라 노스는 대지의 신이라고 할 수 있는 가이아와의 사이에서 타이탄 12신을 낳는다. 하지만 우라노스는 거대한 자식들이 마음에 들지 않았다. 우라노스는 자식들을 모두 타르타로스라고 하는 아주 깊은 곳에 가둬 놓는다. 이렇게 되자, 자식들이 갇혀 있는 것을 안타 깝게 여긴 가이아는 아들 크로노스Cronus에게 거대한 낫 스퀴테 scythe를 주며 아버지를 물리치게 한다.

크로노스는 가이아로부터 받은 낫으로 우라노스의 생식기 를 잘라 낸다. 크로노스가 사용한 낫을 영어로는 싸이드scythe라 고 한다. 서양에서 사용하는 이 커다란 낫은 조금 이질적이다. 아 시아에서 사용하는 작은 크기의 낫은 sickle이라고 한다. scythe 는 스키타이Scythia족 명칭의 어원과도 관계가 있다. 보통 스키타이는 유라시아 유목민을 의미하는데, 스키타이족은 최초로 철기 문화를 가진 것으로도 알려져 있다.

낫에 대해서 좀 더 말해 보자. scythe에 포함된 sek라는 소리는 현재 많은 영어 단어에도 그대로 사용되고 있다. 일단 자르거나 해부할 때 쓰는 sect-라는 단어가 있다. 나눠진 부문, 영역, 구획을 말할 때 sector라고 하는 것은 '분리'의 의미가 있는 것이다. 비슷하게 section이라는 말도 '부문', '영역'이라는 말로 쓸 수 있다. '양분하다'라는 의미의 bisect는 말 그대로 둘bi-로 자르는sect 것이다. '해부하다'라는 뜻의 dissect는 '분리'를 의미하는 dis-와 '자르다'를 의미하는 sect가 결합된 말이다. '곤충'을 의미하는 insect에서도 볼 수 있는데, 곤충은 대부분 그 구조가 마치 잘린 것처럼 나눠져 있기 때문이라고 한다. 무엇보다도 가장 근본적인 구분은 아마도 남성과 여성을 나누는 것 아닐까? 그래서인지 남성과 여성을 구분하는 성별sex에도 역시 자르고 분리한다는 의미의 sec이 포함되어 있다.

크로노스로부터 거대한 낫으로 공격받은 우라노스의 피와 살은 지상에 떨어지면서 또 다른 신들을 탄생하게 했는데, 그중 바다에 떨어진 생식기는 돌연 엄청난 거품을 만들어 냈다. 그리고 그 거품 한가운데서 미의 여신 아프로디테가 태어난다. 흔히 아름다움은 공허하고 또 덧없는 것이라고 하는데, 미의 여신이 거품에서 태어난 것은 매우 명징한 의미를 보여 준다.

우라노스를 쓰러뜨린 크로노스Cronus는 이후 시간의 신 크로노스Chronos와 혼동되면서 점차 동일시된다. 크로노스는 시간의 신이면서 동시에 농사의 신이다. 농사에서 가장 중요한 것은 시간의 흐름이다. 오늘 심어서 내일 거두는 농사는 없다. 시간의 흐름과 계절의 순환은 농사의 핵심이다. 어쩌면 크로노스가 우라노스를 거세할 때 사용한 무시무시한 낫이 농부들이 추수할 때 사용하는 농기구 낫과 비슷했기 때문에 더더욱 농사와 관련성이 깊어졌을 수도 있다. 하지만, 크로노스가 들고 있는 낫의 폭력적인 상징성은 곧장 죽음과 결부되면서 그는 죽음의 신으로 진화한다.

죽음의 신답게, 크로노스 역시 자신의 자식들을 모조리 먹어 치운다. 자신이 우라노스에게 그랬던 것처럼, 자신의 자식도 그럴 것이라고 생각한 것이다. 아이러니하게도 자신이 부정하려고 했던 아버지의 전철을 고스란히 자신이 밟아간 것이다. 자신이 부정했던 아버지의 명령을, 아버지를 몰아내고 나서야 따르는 이런 특성을 프로이트는 "지연된 복종"이라고 부른 적 있다. 흔히 자식을 낳아 봐야 부모님의 마음을 헤아린다는 표현도 크게는 비슷한 맥락이라고 할 수 있다.

하지만 크로노스가 자식을 잡아먹는 것에는 의미심장한 상징성이 있다. 크로노스는 시간의 신이었고, 시간은 자신이 시초를 준 모든 것에게 죽음을 가져다준다. 크로노스는 '연대기'를 의미하는 chronicle이나 '시계'를 의미하는 단어 chronometer, 그리고 '만성적'이라는 뜻의 chronic 등에 여전히 남아 있다. 시간 속에서 태어난 모든 것은 결국 시간 속에서 사멸할 수밖에 없는 운명을 갖고 있는 것이다. 시간과 함께 인간은 끊임없이 생장소멸을 반복한다. 크로노스가 죽음의 신으로 등장할 때 들고 나타나는 거대한 낫은 인간을 추수한다는 의미로 읽혀진다. 농부가 곡식을 수확하듯, 죽음의 신은 인간을 수확하는 셈이다. 농사는 많은 지식을 필요로 한다. 고대에 지식을 가장 많이 알고 있는 이들은 대부분 노인들이었다. 크로노스는 그래서, 지혜로운 노인의 이미지이면서, 동시에 죽음의 신이면서 농사의 신이기도 했다.

우라노스는 어원적으로 '비'를 의미한다. 비나 습기, 안개, 액체, 물, 여하간에 물과 관련된 많은 의미를 갖고 있다. 그래서 우라노스는 종종 레인 메이커rain maker 혹은 비의 제왕lord of rain이라는 의미로도 통한다. 그리스 신화에서 거의 최초로 인격화되고 실체화된 존재의 이름이 비를 의미한다는 사실은 매우 흥미롭다. 놀라운 것은 지질학적으로나 지구 과학적인 관점에서 태초에 지구의 형성 과정에 많은 비가 내렸다는 것은 매우 객관적인 과학적 사실이다.

과거 화산 폭발이 지구 대부분의 지각을 형성하던 시기, 화산은 막대한 양의 수증기를 내뿜었고, 그 시기가 지나 지구의 열이 식게 되면서 막대한 뜨거운 수증기는 액체 상태로 응결되어 빗물로 떨어지기 시작했다는 것이다. 대기에 머물러 있던 막대한 수증기는 정말로 아주 오랫동안(!) 비로 내렸다고 한다. 지질학자들의 추산으로 약 200만 년 동안 비가 내렸다고 하니, 정말 긴 장마 long rain다. 오랫동안 내린 비는 지금과 같은 바다와 호수를 이루게 되었을 것이다. 바다는 지구에 존재하는 모든 생물의 원천이다. 우라노스가 자식들을 처음 만들어 내는 존재로서 신화에 등장하는 것과 그의 이름이 생명을 창조한 비와 물과 바다에 의미적으로 연관되어 있는 것은 단순히 창의적인 상상력만의 소산은 아닐 것 같다.

어딘가 인류의 DNA에 태초의 기억이 서려 있는 것은 아닌지 모르겠다. 헤르만 헤세의 『데미안』에 등장하는 한 장면은 바로 이와 비슷한 인류의 기억을 잘 보여 준다. 피스토리우스와 나누는 대화에서 싱클레어는 꿈에 대한 이야기를 하게 되는데, 꿈속에서 자신이 하늘을 날고 있었다는 말을 하게 된다. 꿈속에서 자신이 숨을 들이마시면 하늘 높이 올라가고, 다시 숨을 내쉬면 아래로 내려가는 꿈이었다고 한다. 이것은 어류들에게 부레가 있어서, 공기가 차면 물위로 떠오르고, 공기가 빠지면 수중으로 내려가는 운동과 일치한다. 이 꿈이 말해 주는 것은 바로 인간의 선조가 아직 바닷속 생명체였을 때의 기억이 여전히 인간의 몸 혹은 영혼 어딘가에 각인되어 있다는 것 아니었을까.

우라노스의 이름이 갖는 물과 비에 관련된 의미는 현대에 이르러 urinate라는 단어와도 연관된다. urinate는 '소변보다'라는 뜻이다. 하늘에서부터 내리는 것에 소변이라는 이미지를 덧입히는 것은 그다지 유쾌하진 않지만, 신화적인 차원에서는 맥락이 통한다. 그뿐만 아니라, 우라노스가 크로노스에게 거세당한 것은 매우 강렬한 이미지를 신화 속에 남겼다. 덕분에 비뇨기학, 비뇨기과를 의미하는 urology에도 역시 우라노스의 이름의 흔적은 남아 있게 된다.

1781년 윌리엄 허셜은 태양계에서 가장 멀리 떨어진 곳에서 새로운 행성을 발견한다. 이 행성의 이름을 짓는 데에는 다양한 선택지가 제시되었는데, 그중 신화에서 유래한 우라노스가 선택된다. 아마도 당시에 관측할 수 있는 가장 먼 곳에 있었기 때문에 최초의 근원이라는 의미를 담고자 했던 것은 아니었을까. 태양계에서 우라노스가 발견된 비슷한 시기, 새로운 금속이 발견된다. 새로 발견한 금속에 행성의 이름을 붙이는 것이 일종의 관례였던 까닭에, 새롭게 발견된 이 금속은 우라노스의 이름을 따서, 우라늄uranium으로 명명된다. 우라늄이 최초로 발견된 것은 1789년이었다. 그리고 그해는 프랑스 대혁명이 일어난 해이기도 했다.

우라노스의 이름에서 ur-은 어원적으로 '액체', '물'을 의미한다. 지역에 따라서 ur-은 var, wer- 등의 형태와 연관된 것으로 나타난다. 알다시피 물은 water라고 한다. w는 v와 그리고 v는 다시 u와 가까운 소리이다 보니, 충분히 그런 변형이 이루어졌을 것으로 보인다. 따지고 보면, water라는 말 자체에 이미 우라노스 이름의 일부가 실현되고 있는 셈이다.

물에서 모든 생명이 태어나고, 또 그 물은 비로부터 연유하기 때문에 비는 어떤 의미에서 모든 것의 근원이기도 하다. ur-라는 단어의 어원이 물과 비에 연관되어 있다면, 이 단어에는 역시 궁극적인 근원이라는 뜻도 부여할 수 있을 것 같다. 그래서 실제로 ur-는 '원시', '태초', '시작', '근원', '원형'이라는 의미를 갖고 있다.

우라노스는 태양계의 행성에도 이름을 남겼다. 태양계의 7번째 행성, 천왕성天王星의 영어 이름이 바로 우라노스다. 왜 천왕성이라고 불렀을까? 우라노스의 어원을 설명하는 또 다른 의미가 바로 하늘과 천상이기 때문이다. 그리스 신화에서 아버지이자 남성으로 인격화된 신성을 하늘에 대응시킨 것은 『주역周易』 「계사전繫辭傳」에서 말하고 있는 것처럼 남성과 양의 기운을 하늘에 연결한 것과 정확하게 일치한다.

뿐만 아니라, 여성성과 어머니로 등장하는 가이아가 땅을 상징하고 『주역』에서 여성과 음의 기운이 땅을 의미하게 하는 것도 마찬가지다. 그렇기 때문에 하늘을 의미하는 우라노스를 번역하는 데 하늘 천天 자를 쓰는 것은 매우 자연스러운 번역이었을 것이다.

chaos 혼돈, 무질서

예문: In Greek mythology, the universe began with chaos before the gods emerged.

그리스 신화에서 우주는 신들이 등장하기 전에 혼돈으로 시작되었다.

동의어: disorder, turmoil

반의어: order, harmony

scythe 큰 낫

예문: The grim reaper is often depicted holding a scythe.

사신은 종종 큰 낫을 들고 있는 모습으로 묘사된다.

반의어: sickle(작은 낫)

sickle 작은 낫

예문: Farmers use a sickle to harvest crops by hand.

농부들은 손으로 농작물을 수확하기 위해 작은 낫을 사용한다.

반의어: scythe(큰 낫)

sect 분파, 종파

예문: The sect broke away from the main church to follow their own beliefs.

그 분파는 자신들의 신념을 따르기 위해 주류 교회에서 분리되었다.

동의어: faction, branch

반의어: unity

section 부분, 구역

예문: This section of the park is reserved for picnics.

공원의 이 구역은 소풍을 위한 공간으로 지정되어 있다.

동의어: segment, division

반의어: whole

bisect 둘로 나누다

예문: The line bisects the circle into two equal parts.

그 선은 원을 두 개의 같은 크기로 나눈다.

동의어: split, divide

반의어: combine

dissect 해부하다, 분석하다

예문: Scientists dissected the frog to study its anatomy.

과학자들은 개구리를 해부하여 해부학을 연구했다.

동의어: analyze, examine

반의어: assemble

insect 곤충

예문: Bees are beneficial insects that help pollinate flowers.

꿀벌은 꽃을 수분시키는 유익한 곤충이다.

동의어: bug, arthropod

sex 성별

예문: Many forms ask for your sex: male or female.

많은 양식에서 성별을 묻는다: 남성 또는 여성.

동의어: gender, sexuality

foam 거품

예문: The sea foam washed up on the shore.

바다 거품이 해안으로 밀려왔다.

동의어: froth, bubbles

반의어: liquid

chronicle 연대기, 기록

예문: The historian wrote a chronicle of the ancient city.

그 역사가는 고대 도시의 연대기를 기록했다.

동의어: history, record

chronometer 정밀한 시계, 크로노미터

예문: The sailors used a chronometer to navigate accurately.

선원들은 정확한 항해를 위해 크로노미터를 사용했다.

동의어: clock, timepiece

wisdom 지혜

예문: The elder's wisdom was respected by the entire village.

그 연장자의 지혜는 마을 전체에서 존경받았다.

동의어: insight, knowledge

반의어: ignorance

urinate 소변을 보다

예문: Doctors advised him to drink more water to urinate regularly.

의사들은 그에게 규칙적으로 소변을 볼 수 있도록 물을 더 많이 마시라고 조언했다.

동의어: void, pee

urology 비뇨기과

예문: He visited the urology department for his kidney stones.

그는 신장 결석 문제로 비뇨기과를 방문했다.

동의어: urinary medicine

uranium 우라늄

예문: Uranium is used in nuclear reactors.

우라늄은 원자로에서 사용된다.

동의어: radioactive metal

Chronos 시간의 신, 시간

예문: Chronos is often depicted as an old man with a scythe.

크로노스는 종종 큰 낫을 든 노인의 모습으로 묘사된다.

동의어: time

반의어: timelessness

origin 기원, 출처

예문: The origin of life on Earth is still a mystery.

지구에서의 생명의 기원은 여전히 미스터리이다.

동의어: beginning, source

반의어: end

symbol 상징

예문: The dove is a symbol of peace.

비둘기는 평화의 상징이다.

동의어: emblem, icon

innate 타고난, 선천적인

예문: His innate talent for music was evident from a young age.

그의 음악적 재능은 어린 시절부터 분명하게 드러났다.

동의어: inborn, natural

반의어: acquired

mythology 신화

예문: Greek mythology includes tales of gods, heroes, and monsters.

그리스 신화에는 신들, 영웅들, 그리고 괴물들의 이야기가 포함되어 있다.

동의어: folklore, legend

16

엘렉트라Electra 호박 콤플렉스complex

호박amber과 운명destiny

한복을 만드셨던 어머니의 심부름으로 종종 호박을 들고 다
닌 적이 있었다. 이 호박은 먹는 호박zucchini이 아니라, 저고리에
단추처럼 달려 있는 꽤 무게 있는 황금빛 보석(?) 호박amber을 말
한다. 구슬처럼 투명하기도 하고, 동시에 황금빛, 주홍빛으로 산
란되는 호박의 빛깔은 매혹적이었다. 호박은 소나무의 송진 같은
것이 오랫동안 굳으면서 만들어진 것이어서 실제 광물은 아니라
고 한다. 그럼에도, 빛깔이나 촉감은 정말 보석처럼 아름다운 느
낌이 있다. 옛날 기록에는 "창백한 금pale gold"으로 표현되기도 했
다. 비싼 보석들은 워낙 작은 것으로만 볼 수 있지만, 호박은 대개
가 큼직큼직하다.

한국에서는 먹는 호박과 소리가 같아서, 호박처럼 예쁘다는
말이 통용되기 쉽지 않다. 하지만 영어권에서 호박amber은 여성의
이름으로도 자주 사용된다. 조니 뎁의 연인으로 유명했던, 하지만

그와의 소송전으로 더 유명해졌던, 앰버 허드_{Amber Heard}는 호박의 영어 단어인 amber를 이름으로 쓰고 있다.

그리스 사람들은 호박을 일렉트론_{ēlektron}이라고 불렀다. 그래서, 호박에 관련된 물리적인 성질을 지칭할 때 electron에서 파생된 단어들이 많이 사용되었다. electric, electrical, electra 들이 그에 해당한다.

호박을 문지르면 정전기_{static}가 일어난다. 17세기 토마스 브라운이라는 영국의 물리학자는 호박을 문지를 때 생기는 전기적 현상을 발견하고, 너무나도 당연하게도, 호박에서 생겨난 특성이니 그것을 electric하다고 자신의 논문에 기록한다. 우리가 알고 있는 전기_{electricity}는 어원상 호박의 정전기에 그 기원을 두고 있는 것이다.

마이클 크라이튼의 소설을 원작으로 한 영화 〈쥬라기 공원〉에서, 공룡을 다시 복제하는 데 성공할 수 있었던 것은 바로 이 호박이 있었기 때문에 가능했다. 나무의 진액이 흐르면서 모기와 같은 곤충들이 그 속에 갇히게 되기도 하는데, 영화에서는 공룡의 피를 빨아 먹은 모기가 호박 속에 화석으로 남아 있는 것으로 설정되었었다. 공룡의 피를 구할 수 있었으니, 복제가 가능하다는 설정이 꽤나 그럴듯하게 여겨졌던 기억이 있다.

짐 크로체_{Jim Croce}가 불렀던 노래 〈Time in a bottle〉은 오래전 노래이지만 시간을 병 속에 담아 놓고 싶다는 표현은 정말 시적이었다. 호박 속에 공룡의 피를 빨아 먹었던 모기가 갇혀 있는 것은 시간을 병 속에 담아 두고 싶은 소망의 약간 그로테스크한 버전이라고 할 수 있겠다. 실제로 호박 속엔 3,000만 년 전에서 9,000만 년 전 사이의 곤충류들이 들어 있는 경우들이 있다고 하니, 판타지한 설정만은 아닌 것 같다.

만약 시간을 병에 담을 수 있다면
가장 먼저 하고 싶은 일은
영원이 지나갈 때까지 매일을 저장하는 것
그 시간을 당신과 함께 보내기 위해

만약 하루를 영원히 지속시킬 수 있다면
말로 소원을 이룰 수 있다면
매일을 보물처럼 간직하고
다시 그 시간을 당신과 함께 보내겠어요

If I could save time in a bottle
The first thing that I'd like to do
Is to save every day 'til eternity passes away
Just to spend them with you

If I could make days last forever
If words could make wishes come true
I'd save every day like a treasure, and then
Again, I would spend them with you

냉동 인간이나, 우주여행을 위한 장거리 수면, 호박 속에 갇힌 모기와 병 속에 담긴 시간. 모두 시간의 단면을 정지시킨 상태로 영원까지 가져가고 싶어 하는 인간의 욕망을 말해 준다. 영원한 정지, 영원한 순간, 영원한 현재는 수많은 시인과 몽상가와 과학자들의 이상이었고, 또 앞으로도 그럴 것이다.

앰버가 여성의 이름으로 사용된 것처럼, 앰버의 그리스식 이름 역시 여성의 이름으로 사용된다. 앰버amber는 그리스어로 엘렉트라electra라고 한다. 여성의 어머니에 대한 반감과 아버지에 대한 애착 관계를 엘렉트라 콤플렉스Electra complex라고 부르는데, 오이디푸스 콤플렉스Oedipus complex와 대응을 이루는 개념이다. 그리스 비극에 등장하는 엘렉트라를 일종의 개념어로 사용한 것이다. 앰버가 되었건, 엘렉트라가 되었건 결국 공통적으로 예쁜 보석류의 장신구 재료인 호박을 의미하는 것은 동일하다.

오이디푸스와 엘렉트라는 모두 소포클레스의 비극에 등장한다. 오이디푸스는 테베의 왕 라이오스의 아들로 태어난다. 하지만 그는 자라서 아버지를 살해하고 어머니와 결혼하게 될 것이라는 신탁 때문에 태어나자마자 버려진다. 버려질 당시, 차마 아이를 어쩌지는 못했던 라이오스의 부하는 아이의 발에 못을 박아 숲에 유기한다. 다행히 숲을 지나는 노부부가 아이를 발견해 오이디푸스라는 이름을 지어 준다. 오이디푸스는 부은oid- 발pus이라는 뜻으로, 발견 당시 아이의 발에 있었던 상처 때문에 생긴 이름이다.

운명이 극적으로 실현되는 것은 바로 그것을 거부하려는 시도로 인해 운명이 이루어질 때다. 노부부의 손에 길러지던 오이디푸스는 우연히 자신에 관한 신탁의 예언을 알게 된다. 노부부를 자신의 친부모로 알고 있었던 오이디푸스는 신탁의 예언을 피하기 위해 고향을 떠난다. 하지만, 그 길에서 우연히 자신의 친부 라이오스를 만나 싸우게 되고, 결국 자신의 친부 라이오스를 살해하고 만다. 오이디푸스는 아버지로부터 버려졌기 때문에 결과적으로 아버지를 살해하게 된 것이다. 운명을 거스르려 하는 것은 마치 빠져나오려고 하면 할수록 더 세게 죄어지는 올가미 같다.

영화 〈매트릭스〉에서, 네오를 만난 오라클은 만나자마자 네오에게, "꽃병은 걱정하지 말라"고 한다. 무슨 말인지 영문을 몰라서, 주춤거리던 네오는 "무슨 꽃병?" 하면서 뒤에 진열된 꽃병을 깨뜨린다. 오라클은 말한다, "내가 꽃병 이야기를 안 했으면 꽃병이 안 깨졌을지 궁금하지?" 운명은 예정된 길을 간다. 계절이 그런 것처럼.

엘렉트라는 소포클레스의 비극 『엘렉트라*Electra*』에 등장하는 인물이다. 엘렉트라는 동생 오레스테스와 함께 아버지 아가멤논을 살해한 자신의 어머니 클라타임네스트라, 그리고 계부 아이기스토스를 살인하기로 마음먹는다. 그리고 엘렉트라는 결국 아버지의 복수를 위해 친모인 클라타임네스트라와 아이기스토스를 살해한다.

그리스 신화에서, 엘렉트라는 일곱 자매로 구성된 요정들 중 한 명이기도 하다. 이들을 플레이아데스Pleiades라고 부르는데, 천문학에 관심이 있는 사람이라면 플레이아데스가 밤하늘에 빛나는 성단의 이름이라는 것도 알 것이다. 지구로부터 444광년 떨어져 있다고 하고, 수백 개의 별들로 구성되어 있다. 그중 가장 밝게 빛나는 별 6-7개는 육안으로도 볼 수 있다. 갈릴레이는 이 별들의 모습을 기록으로 남겨 놓기도 했다. 푸른빛으로 영롱한 플레이아데스의 별들은 밤하늘에 보석처럼 빛난다. 일본의 자동차 브랜드 스바루Subaru는 바로 이 플레이아데스를 말한다. 파란색 바탕에 여섯 개의 별이 박혀 있는 것은 플레이아데스의 모습을 바탕으로 만든 로고임을 보여 준다.

amber 호박

　예문: The amber pendant glowed in the sunlight.

　호박 펜던트가 햇빛 속에서 빛났다.

　동의어: fossil resin

zucchini 주키니, 애호박

　예문: She added diced zucchini to the salad.

　그녀는 샐러드에 잘게 썬 주키니를 넣었다.

　동의어: courgette

electron 전자

　예문: The movement of electrons generates electricity.

　전자들의 움직임이 전기를 생성한다.

static 정전기, 고정된

　예문: Rubbing amber produces static electricity.

　호박을 문지르면 정전기가 발생한다.

　동의어: stationary, unchanging

　반의어: dynamic

electricity 전기

예문: The invention of electricity changed human life dramatically.

전기의 발명은 인간의 삶을 극적으로 변화시켰다.

동의어: electrical power, current

prehistoric 선사 시대의

예문: Amber often contains insects from prehistoric times.

호박은 종종 선사 시대의 곤충을 포함하고 있다.

동의어: ancient, primeval

반의어: modern

preserve 보존하다, 유지하다

예문: Amber can preserve small creatures for millions of years.

호박은 수백만 년 동안 작은 생물들을 보존할 수 있다.

동의어: protect, maintain

반의어: decay, destroy

Electra complex 엘렉트라 콤플렉스

예문: Freud described the Electra complex as the female counterpart to the Oedipus complex.

프로이트는 엘렉트라 콤플렉스를 오이디푸스 콤플렉스의 여성 버전으로 설명했다.

동의어: father-fixation

반의어: Oedipus complex

Oedipus complex 오이디푸스 콤플렉스

예문: Freud's theory of the Oedipus complex sparked debates on family dynamics.

프로이트의 오이디푸스 콤플렉스 이론은 가족 관계에 대한 논쟁을 불러일으켰다.

동의어: mother-fixation

반의어: Electra complex

destiny 운명, 숙명

예문: Oedipus tried to escape his destiny, but he ultimately fulfilled it.

오이디푸스는 자신의 운명에서 도망치려 했지만, 결국 그것을 이루고 말았다.

동의어: fate, fortune

반의어: choice

matrix 모체, 기반

예문: The movie *The Matrix* explores the concept of reality.

영화 〈매트릭스〉는 현실의 개념을 탐구한다.

동의어: foundation, framework

rebellion 반란, 반항

예문: Electra's rebellion against her mother was driven by her father's murder.

엘렉트라의 어머니에 대한 반항은 그녀의 아버지가 살해된 것에 의해 촉발되었다.

동의어: revolt, uprising

반의어: submission

revenge 복수

예문: Electra sought revenge for her father's death.

엘렉트라는 아버지의 죽음에 대한 복수를 원했다.

동의어: vengeance, retribution

반의어: forgiveness

constellation 별자리, 성좌

예문: The Pleiades constellation can be seen in the night sky.

플레이아데스 성단은 밤하늘에서 볼 수 있다.

동의어: star cluster, star pattern

Pleiades 플레이아데스 성단

예문: The Pleiades have been known since ancient times.

플레이아데스 성단은 고대부터 알려져 있었다.

동의어: Seven Sisters(별명)

time capsule 타임캡슐

예문: Amber is like a natural time capsule preserving ancient life.

호박은 고대 생명체를 보존하는 자연적인 타임캡슐과 같다.

동의어: historical container, memory capsule

subconscious 잠재의식

예문: Childhood memories are often buried in the subconscious.

어린 시절의 기억은 종종 잠재의식 속에 묻혀 있다.

동의어: unconscious, inner mind

반의어: conscious

paradox 역설, 모순

예문: Oedipus's fate is a paradox of freedom and inevitability.

오이디푸스의 운명은 자유와 필연성 사이의 역설이다.

동의어: contradiction, irony

반의어: consistency

Subaru 일본의 자동차 브랜드 스바루

예문: The Subaru logo represents the Pleiades constellation.

스바루 로고는 플레이아데스 성단을 상징한다.

시네마cinema에서 넷플릭스Netflix까지

넷플릭스Netflix와 키네틱kinetic

넷플릭스Netflix라는 말은 인터넷internet의 net과 '영화'를 의미하는 플릭flick이라는 단어의 조합으로 만들어진 신조어라고 할 수 있다. 원래 스펠링으로 한다면 netflicks정도일 텐데, 뒤의 flicks를 flix로 변형시켰다. '고맙다'는 뜻의 thanks를 thanx로 쓰는 것과 비슷하다. flick은 불빛이 깜빡이는 것을 의미하는데, 종종 영화를 의미하는 속어로 쓰이기도 한다. 영화는 초당 30여 장의 정지 사진이 지나가므로 영상이 보였다, 안 보였다 하는 깜빡임을 아주 빠른 속도로 반복하는 것과 같다.

초창기 영화는 moving picture라고 불렸다. 한국에서도 활동 사진이라는 표현이 있었던 것을 보면, 초기에는 움직이는 이미지라는 의미가 매우 중요하게 여겨졌던 것 같다. 정지된 사진을 연속적으로 영사하여 움직이는 이미지를 얻을 수 있게 되었기 때문에, 영화가 최초로 만들어진 프랑스에서는 영화를 cinema라고 불렀다. 시네마토그래프cinematographe를 줄인 말이다. cinema-라는 말은 그리스어의 라틴어 표현인 kinemat-에서 유래했는데, 이것은 "움직이는"이라는 뜻이 있다. 시네마는 움직인다는 뜻을 갖고 있는 것이다. 이러한 의미는 움직임이 강조된 맥락에서 더욱더 분명하게 사용된다.

키네틱 아트kinetic art는 작품 자체가 움직이거나, 움직이는 부분을 포함하고 있는 예술 작품, 특히 조각을 의미한다. 마이크로소프트 게임기인 엑스박스에는 키넥트 센서kinect sensor가 있는데, 이것은 게임을 하는 사람의 움직임을 감지한다. 덕분에 테니스나 복싱, 그리고 댄스처럼 사람의 움직임을 기반으로 한 게임이 가능한 것이다.

영화movie라는 단어가 영어의 움직이다move와 관계가 있는 것은 매우 분명해 보인다. 움직이는 사진을 지칭하기 위해 movie라는 단어가 만들어진 것이다.

그렇다면, cinema와 movie라는 단어는 모두 "움직인다"는 뜻과 관련된 말이라고 할 수 있다. 단순히 cinema는 프랑스어이고, movie는 영어인 것 이상으로 두 단어는 고대 그리스어에서부터 유래한 동일한 뿌리를 가지고 있는 셈이다.

움직이는 것은 비단 인간의 육체뿐만 아니다. 사람의 마음을 움직이는 것도 포함한다. 그래서 moving은 '감동적'이라는 의미로도 사용된다.

cinema 영화관, 영화, 특히 예술 형식으로서의 영화

예문: French cinema has had a significant influence on global film culture.

프랑스 영화는 세계 영화 문화에 중요한 영향을 미쳤다.

동의어: film, movie theater, motion picture

반의어: static images, stills

Netflix 넷플릭스, 인터넷을 통해 영화와 드라마 등의 스트리밍 서비스를 제공하는 플랫폼

예문: Netflix has transformed the way we watch series and movies.

넷플릭스는 우리가 시리즈와 영화를 보는 방식을 변화시켰다.

동의어: streaming service, online platform

반의어: DVD rental, broadcast TV

internet 인터넷, 전 세계의 컴퓨터 네트워크가 연결된 정보망

예문: Streaming services rely on the internet for content delivery.

스트리밍 서비스는 콘텐츠 제공을 위해 인터넷에 의존한다.

반의어: offline, intranet

flick 영화(slang), 불빛이 깜박임

예문: We're going to watch an old flick tonight.

오늘 밤 우리는 오래된 영화를 볼 것이다.

동의어: movie, film, picture

반의어: still, image

moving picture 영화, 움직이는 이미지를 연속적으로 보여 주는 형식

예문: The invention of moving pictures changed entertainment forever.

움직이는 그림(영화)의 발명은 오락 산업을 영원히 변화시켰다.

동의어: film, motion picture, movie

반의어: photograph, static image

cinematography 촬영 기술, 영화나 비디오 제작 시 화면 구성과 촬영 방법

예문: The film's cinematography was visually stunning.

그 영화의 촬영 기법은 시각적으로 놀라웠다.

동의어: filmmaking, camera work, photography

반의어: still photography

kinetics 운동학, 운동에 관한 물리학적 연구

예문: Kinetics is essential in understanding how forces affect motion.

운동학은 힘이 운동에 어떻게 영향을 미치는지를 이해하는 데 필수적이다.

동의어: motion science, dynamics

반의어: statics(study of forces without motion)

kinetic art 키네틱 아트, 움직이는 예술 작품

예문: Kinetic art often requires viewer interaction.

키네틱 아트는 종종 관객의 참여를 필요로 한다.

동의어: moving art, dynamic sculpture

반의어: static art, stationary sculpture

kinect 키넥트, 마이크로소프트의 동작 인식 센서

예문: Kinect made gaming interactive and motion-based.

키넥트는 게임을 상호 작용적이고 동작 기반으로 만들었다.

동의어: motion sensor, gesture sensor

반의어: traditional controller

movie 영화, 움직이는 사진을 뜻하는 말로, cinema의 영어식 표현

예문: We're going to the movie theater this weekend.

이번 주말 우리는 영화관에 갈 것이다.

동의어: film, picture, motion picture

반의어: still photograph, static image

moving 감동적인, 마음을 움직이는, 감정적인 반응을 일으키는

예문: The movie was incredibly moving and left the audience in tears.

그 영화는 매우 감동적이었고 관객들을 눈물짓게 했다.

동의어: touching, emotional, stirring

반의어: unmoving, dull

emotion 감정, 사람이 느끼는 기쁨, 슬픔 등의 감정

예문: Movies often evoke strong emotions in viewers.

영화는 종종 관객들에게 강한 감정을 불러일으킨다.

동의어: feeling, sentiment, affect

반의어: apathy, indifference

streaming 스트리밍, 인터넷을 통해 실시간으로 영상을 전송하는 방식

예문: Netflix became popular by offering a streaming service for movies.

넷플릭스는 영화 스트리밍 서비스를 제공하면서 인기를 얻었다.

동의어: broadcasting, online streaming

반의어: downloading, offline playback

platform 플랫폼, 서비스가 제공되는 기반이나 매체

예문: Netflix is a streaming platform known worldwide.

넷플릭스는 전 세계적으로 알려진 스트리밍 플랫폼이다.

동의어: base, framework, application

반의어: offline system, hardware

digital 디지털, 데이터를 숫자로 변환하여 저장하는 방식

예문: Digital platforms have made content access faster and easier.

디지털 플랫폼은 콘텐츠 접근을 더 빠르고 쉽게 만들었다.

동의어: online, electronic, virtual

반의어: analog, physical

entertainment 오락, 사람들에게 즐거움과 흥미를 제공하는 활동이나 미디어

예문: Cinema has been a popular form of entertainment for over a century.

영화는 한 세기 이상 인기 있는 오락 형태였다.

동의어: amusement, recreation, fun

반의어: work, task

interactive 상호 작용하는, 사용자와 상호 작용하여 반응하는

예문: Kinect allowed for an interactive gaming experience.

키넥트는 상호 작용적인 게임 경험을 가능하게 했다.

동의어: engaging, participative, responsive

반의어: passive, static

subscription 구독, 서비스에 대한 정기 결제

예문: Netflix operates on a monthly subscription model.

넷플릭스는 월 구독 모델로 운영된다.

동의어: membership, enrollment, sign-up

반의어: one-time purchase, cancellation

18

마키아벨리Machiavelli와 플로렌스Florence

꽃flower과 〈미녀와 야수〉의 벨Belle

니콜로 마키아벨리가 『군주론』을 집필했던 것은 르네상스 시기 플로렌스Florence 공화국을 지배하던 메디치Medici 가문의 통치자들에게 정치적 조언을 주기 위해서였다. 메디치 가문은 대대로 약초, 약사, 약Medicine과 관련한 사람들을 많이 배출했다고 한다. 직종의 이름이 가문의 이름이 된 셈이다.

당시 플로렌스Florence 공화국은 로마의 식민 도시colony 중의 하나였다. 로마는 이 도시에 꽃flower처럼 화려하게 번성하라는 의미에서 Florence라는 이름을 붙여 주었다고 한다.

플로렌스florence는 꽃flower과 같은 어근을 갖고 있다. 생물학적, 생태적인 맥락에서, 어떤 지역의 동물과 식물군은 flora and fauna라고 한다. '식물'이라는 의미의 flora는 여성의 이름으로도 흔히 사용된다. 한국에서 여성의 이름에 꽃 "화花" 자가 많이 들어가는 것은 우연의 일치만은 아닐 것이다. 비슷하게 일본에서도 역시 '꽃'을 의미하는 "하나"라는 말이 여성의 이름으로 많이 사용된다.

아름다운 도시 플로렌스는 현대 이탈리아어로 피렌체Firenze라고 한다. 피렌체는 이탈리아어 fiore와 관계가 있는데, 역시 꽃을 의미하는 말이다. 피오레Fiore라는 브랜드가 있었다. 피오레는 화장품, 의류 등 예쁘고 아름다운 것을 지향하는 제품의 브랜드로 많이 사용되었는데, 심지어 피오레라는 아파트도 있었다.

여성의 이름으로 사용되는 Flora처럼, 아름답다는 의미로 자주 쓰이는 이름에는 벨Belle도 있다. 〈미녀와 야수〉에 등장하는 여성 주인공의 이름도 벨이다. belle은 형용사로 '아름답다'는 뜻이다. 아름다운 문학belles-lettres은 미적인 것을 강조하며 쓰여진 글을 말한다. 특별한 장르를 지칭하지 않고, 단지 언어의 미적인 측면을 강조하는 말이다. 유럽의 역사에서 경제, 정치, 문화, 문학, 예술 등이 가장 아름답게 꽃피던 시기였던 19세기 말부터 제1차 세계 대전 발발 전까지를 Belle Époque라고 부른다. 아름다움이 절정에 달할 때 꽃은 지기 시작한다. 가장 비극적이고 참혹했던 세계 대전 직전에 가장 아름다운 시대를 맞이했다는 사실은 역설적인가 순리적인가.

Machiavelli 마키아벨리(이탈리아의 정치 철학자)

예문: Machiavelli's ideas influenced many political leaders across history.

마키아벨리의 사상은 역사적으로 많은 정치 지도자들에게 영향을 미쳤다.

Florence 피렌체, 플로렌스(이탈리아 도시)

예문: Florence is famous for its art, history, and architecture.

피렌체는 예술, 역사, 그리고 건축으로 유명하다.

republic 공화국

예문: The Republic was governed by elected officials rather than a monarchy.

그 공화국은 군주제가 아닌 선출된 관료들에 의해 운영되었다.

동의어: democracy, commonwealth

반의어: monarchy, dictatorship

Medici 메디치 가문(이탈리아의 명문 가문)

예문: The Medici family was a major patron of the arts during the Renaissance.

메디치 가문은 르네상스 시대의 주요 예술 후원자였다.

colony 식민지

예문: The country established colonies to expand its influence overseas.

그 나라는 해외에서 영향력을 확대하기 위해 식민지를 건설했다.

동의어: settlement, dependency

반의어: sovereign state, homeland

flower 꽃

예문: She picked a beautiful flower from the garden.

그녀는 정원에서 아름다운 꽃을 하나 꺾었다.

동의어: bloom, blossom

반의어: weed, decay

flora 식물군

예문: The flora of this island is diverse and abundant.

이 섬의 식물군은 다양하고 풍부하다.

동의어: vegetation, plant life

반의어: fauna(동물군)

fauna 동물군

예문: The fauna of the jungle includes many exotic species.

정글의 동물군에는 많은 희귀종이 포함되어 있다.

동의어: wildlife, animal kingdom

반의어: flora(식물군)

feminine name 여성 이름

예문: Flora is a common feminine name that means "flower".

'플로라'는 '꽃'을 의미하는 흔한 여성 이름이다.

동의어: girl's name, woman's name

반의어: masculine name

fiore 꽃(이탈리아어), 피오레

예문: The Fiore brand is known for its beauty products.

피오레 브랜드는 뷰티 제품으로 유명하다.

동의어: flower

belle 아름다운, 미녀

예문: Belle from the story is admired for her inner beauty as well as her appearance.

이야기 속 벨은 외모뿐만 아니라 내면의 아름다움으로도 칭송받는다.

동의어: beautiful, lovely

반의어: ugly, plain

belles-lettres 미문학

예문: The author's work falls under belles-lettres due to its focus on beauty in language.

그 작가의 작품은 언어의 아름다움에 초점을 맞춘 미문학에 속한다.

동의어: fine writing, literature

반의어: factual writing, technical writing

Belle Époque 벨 에포크, 아름다운 시대

예문: The Belle Époque was a period of cultural and artistic blossoming.

벨 에포크 시대는 문화와 예술이 꽃핀 시기였다.

동의어: golden age, renaissance

반의어: dark ages, wartime

aesthetic 미적인, 심미적인

예문: The aesthetic appeal of the painting lies in its vibrant colors.

그 그림의 미적 매력은 생동감 있는 색채에 있다.

동의어: artistic, beautiful, pleasing

반의어: unaesthetic, unattractive

patron 후원자

예문: The library is supported by generous patrons who donate every year.

그 도서관은 매년 기부하는 관대한 후원자들의 지원을 받고 있다.

동의어: benefactor, supporter, sponsor

반의어: detractor, opponent

philosophy 철학

예문: Machiavelli's philosophy challenged conventional ideas of leadership.

마키아벨리의 철학은 전통적인 지도력 개념에 도전했다.

동의어: thought, ideology, doctrine

Renaissance 르네상스, 부흥

예문: The Renaissance was a time of great cultural achievements.

르네상스는 위대한 문화적 업적이 이루어진 시대였다.

동의어: revival, rebirth

반의어: decline, dark ages

beauty 아름다움

예문: The beauty of Florence's architecture attracts many tourists.

피렌체의 건축미는 많은 관광객을 끌어들인다.

동의어: allure, charm, attractiveness

반의어: ugliness, unattractiveness

critique 비평, 비판

예문: The art critic gave a detailed critique of the exhibition.

그 미술 평론가는 전시에 대한 상세한 비평을 제공했다.

동의어: analysis, evaluation, review

반의어: praise, endorsement

contrast 대조, 차이

예문: There is a sharp contrast between the Belle Époque and the war years that followed.

벨 에포크 시대와 그 이후의 전쟁 시기는 극명한 대조를 이룬다.

동의어: difference, divergence

반의어: similarity, likeness

라디오radio와 πr²

라디오radio와 반지름radius

원의 넓이를 구하는 공식에는 라디오radio와 같은 단어가 포함되어 있다. 라디오라는 말은 원래 radio-receiver, radiophone 처럼, 일종의 소리를 전달하는 장치를 의미하는 합성어였다. 공중에 산발적으로 떠다니는radiant 에너지를 붙잡는 역할을 했기 때문이다. radio-telegraphy라는 말도 있었는데, 이것은 당시 유선wire을 통해 전보를 보내지 않고, radio와 같은 전파를 통해 전보를 보내는 것에서 유래했다. radio는 빛을 쏘는 것beam을 의미한다.

그래서, 빛이 퍼지는 것을 radiant라고도 한다. 반지름은 radius인데, 이것은 원의 중심에서 사방으로 퍼져 나가는 빛과 같은 것이다. radius  는 곧은 막대기, 쇠 봉, 혹은 바퀴의 차축 등의 의미로도 사용된 것으로 기록된다.

빛은 항상 직선으로 뻗어 나가는 속

성이 있어서, beam은 종종 대들보나, 배에 사용되는 통나무를 의미하기도 한다. SF 영화에 자주 등장하는 레이저 빔을 생각해 보자. 완전한 직선으로 등장하지 않는가? 이러한 직선적인 속성은 radius에도 그대로 나타난다. 바로 원의 중심에서 그은 직선이라는 의미이다.

직선으로 빠르게 달린다는 의미에서 race도 사실 비슷한 의미를 갖고 있다고 할 수 있다. 어원적으로 race는 다른 단어에서 파생된 것으로 기록되어 있지만, 소리와 의미, 그리고 스펠링의 유사 관계는 이 단어들이 서로 관계가 있을 것으로 강력하게 유추하게 한다. 병원에서 찍는 X-ray 역시 동일한 어근과 관계가 있다. beam처럼 뿜어져 나오는 빛을 대상에 쏘게 하는 것이다.

빔beam이라는 말은 직선으로 뿜어져 나오는 빛을 의미하기도 하지만 원래는 배를 건조할 때 사용하는 목재, 나무를 의미하는 말이었다. 독일어로 나무가 Baum인 것은 영어의 beam과 소리가 유사하게 들린다. 빛이 직선으로 나가는 것처럼, 직선으로 곧게 뻗은 것을 지칭하기도 한다. 그렇기 때문에 건축 자재들 중에 빔이라는 이름이 종종 사용되는 것을 볼 수 있다.

반지름radius이라는 말과 라디오의 관계는 마치 원형으로 시각화된 레이다에서 반지름 길이의 막대가 회전하면서 물체를 탐지하는 것을 생각하게 한다. 라디오라는 것은 바로 이렇게 레이다radar에 포착된 전파를 수신하는 역할을 하는 것이다. 아쉽지만 레이다는 라디오와 어원적으로는 관계가 없다. 다만 레이다radar는 radio detecting and ranging으로 조합된 말이다.

radio 라디오

예문: He listens to the news on the radio every morning.
그는 매일 아침 라디오로 뉴스를 듣는다.

동의어: receiver, radiophone

반의어: wired communication

radius 반지름

예문: To calculate the area of a circle, you need its radius.
원의 면적을 계산하려면 반지름이 필요하다.

동의어: half-diameter, radial length

반의어: diameter(지름 전체 길이)

radiant 빛나는, 빛을 내는

예문: The sun was radiant, filling the sky with light.
태양이 빛나며 하늘을 밝게 비추었다.

동의어: shining, glowing, luminous

반의어: dim, dull

beam 광선, 대들보

예문: A beam of light broke through the clouds.

구름 사이로 한 줄기 빛이 뚫고 나왔다.

동의어: ray, shaft, girder

race 경주, 경쟁

예문: They joined the race to see who could run the fastest.

그들은 누가 가장 빨리 달릴 수 있는지 알아보기 위해 경주에 참여했다.

동의어: competition, contest, sprint

X-ray 엑스레이

예문: The doctor ordered an X-ray of her arm.

의사는 그녀의 팔 엑스레이 촬영을 지시했다.

동의어: radiograph, imaging

light 빛

예문: Light travels in straight lines through space.

빛은 우주에서 직선으로 이동한다.

동의어: illumination, radiance, brightness

반의어: darkness, shadow

laser 레이저

예문: The laser beam cut through the metal effortlessly.

레이저 빔이 금속을 손쉽게 절단했다.

동의어: focused beam

반의어: scattered light

straight 직선의, 곧은

예문: Draw a straight line from point A to point B.

A 지점에서 B 지점까지 직선을 그려라.

동의어: direct, linear, unbent

반의어: curved, crooked

ray 광선

예문: A ray of sunlight illuminated the room.

햇빛 한 줄기가 방을 밝혔다.

동의어: beam, shaft

반의어: shadow

wire 전선

예문: The radio was connected to the power source via a wire.

라디오는 전선을 통해 전원에 연결되었다.

동의어: cable, cord

반의어: wireless

telegraphy 전신 통신

예문: Telegraphy was widely used before the invention of the telephone.

전신 통신은 전화기가 발명되기 전에 널리 사용되었다.

동의어: telecommunication, signaling

반의어: face-to-face communication

Baum 나무(독일어)

예문: In German, "Baum" means tree.

독일어에서 Baum은 나무를 의미한다.

동의어: tree

radar 레이다

예문: The radar detected a storm approaching.

레이다가 다가오는 폭풍을 감지했다.

동의어: detection system, sonar(비슷한 기능의 다른 기기)

ranging 범위 설정

예문: Ranging technology helps calculate distances.

범위 설정 기술은 거리를 계산하는 데 도움을 준다.

동의어: measuring, scaling

energy 에너지

예문: Solar panels capture energy from the sun.

태양광 패널은 태양으로부터 에너지를 흡수한다.

동의어: power, force, vitality

반의어: exhaustion, lethargy

line 선, 직선

예문: Draw a line down the center of the page.

페이지의 중앙에 선을 그려라.

동의어: stripe, stroke, path

반의어: curve

path 경로

예문: Light follows a straight path in a vacuum.

빛은 진공 상태에서 직선 경로를 따른다.

동의어: route, track, way

structure 구조, 건물

예문: Beams are important for the structure of buildings.

대들보는 건물 구조에서 중요한 역할을 한다.

동의어: framework, construction

broadcast 방송, 전파하다

예문: The radio station broadcasts music and news.

라디오 방송국은 음악과 뉴스를 방송한다.

동의어: transmit, air, disseminate

반의어: withhold, conceal

transmit 전송하다

예문: Radios transmit signals over long distances.

라디오는 장거리 신호를 전송한다.

동의어: send, relay, convey

반의어: receive

receiver 수신기, 수화기

예문: The radio receiver picked up a faint signal.

라디오 수신기가 희미한 신호를 포착했다.

동의어: receptor, tuner

반의어: transmitter

reflection 반사, 반영

예문: The reflection of light on the mirror was blinding.

거울에 반사된 빛이 눈부셨다.

동의어: bounce, mirror, echo

반의어: absorption

circle 원, 원형

예문: The area of a circle is calculated using πr^2.

원의 면적은 πr^2 공식을 사용하여 계산된다.

동의어: round, ring

반의어: square, line

absorption 흡수

예문: Dark colors have higher light absorption rates.

어두운 색상은 빛 흡수율이 더 높다.

동의어: intake, assimilation

반의어: reflection, emission

20

사랑amor은 어떻게 주택 담보 대출mortgage과 관계가 있나?

사랑love과 죽음death

사랑은 죽음과 관계가 깊다. 사랑은 love, 라틴어로는 amor 라고 한다. 사랑은 곧 에로스Eros이기도 하다. 단어의 조합으로만 볼 때, 사랑을 의미하는 amor는 죽음mor과, 그것을 부정a-하는 접두어로 구성되어 있다.

죽음을 부정할 만큼 강한 사랑이라는 의미인가? 매우 낭만적이고 이상적인 생각이라 여길 수 있지만, 사실 생물학적으로 상당한 설득력이 있는 단어의 조합이다. 프로이트는 오르가즘을 "작은 죽음petite mort"이라고 표현하기도 했었다. 후손을 낳는 생물학적인 과정은 개체의 입장에서 수명을 단축시키는 행위이기 때문이다. 사랑의 행위는 자손을 번식시키는 핵심이다. 개체로서의 죽음은 인류의 영속으로 극복된다. 그런 의미에서, 사랑은 생물학적으로 개체의 죽음을 극복하는 방식이기도 하다. 자신을 소진하면서 종족을 영속시킨다는 점에서 사랑이 죽음을 극복하는 방식은 매우 역설적이다.

mor-는 죽음과 관련된 단어에서 공통적으로 보인다. mor-tician(장의사), morgue(시체 공시소)가 대표적이다. 에드거 앨런 포 Edgar Allan Poe의 『모르그가의 살인 The Murders in the Rue Morgue』은 탐정이 등장하는 최초의 추리 소설로 평가된다. 제목에서 이미 살인 사건이 벌어진 장소의 의미를 말해 준다.

19세기 유럽의 모르그는 일종의 대중적인 스펙터클의 장소였다. 사망한 사람들의 연고자를 찾기 위해 죽은 사람을 대중에게 공개하는 곳이었던 것이다. 당시 죽음은 일상의 일부였다. 모르그는 죽음에 대한 인식은 물론, 죽음의 과정과 부패, 죽음의 원인과 위생에 대한 교육의 장소이기도 했다. 심심해서 모르그를 찾는 사람도 있었다. 기괴한 문화였다. 19세기 말 모르그는 폐쇄되었고, 이후 죽음은 현대인의 일상에서 아주 예외적인 것이 되었다.

돈을 빌릴 때 맡기는 담보물은 mortgage라고 한다. 모기지론과 같은 금융 광고에서 모기지라는 말로 그냥 사용된다. mort-gage에는 '죽음'이라는 의미가 들어 있다. 돈을 빌리고 갚지 못하면 목숨을 내놓아야 했던 과거의 흔적이다. 그래서 '사랑'을 의미하는 amor에는 담보 대출과 관련한 의미가 이미 포함되어 있는 셈이다.

mortal은 필연적으로 죽을 수밖에 없다는 뜻이다. 명사로 사용되면 '사람'을 의미한다. 물론 불멸immortal의 존재인 신과 대비되는 맥락에서 사용된다. 제라드

버틀러가 주연했던 영화 〈300〉에는 임모털immortal(불멸)이라는 인물이 등장하기도 했다.

현대에는 어모털amortal이라는 신조어가 생겼다. 제약 기술과 성형의학의 발전으로 사람들은 나이가 들어서도 예전처럼 쉽게 늙지 않는다. 심지어 나이가 들면서 더 젊어지는 기이한 현상도 드물지 않다. 이렇게 세월을 거슬러 살아가는 사람들을 어모털(필멸을 부정하는)이라고 부른다. 성형 수술과 보톡스가 낳은 새로운 현상이다.

메멘토 모리memento mori는 죽음을 기억하라는 말이다. 중세 유럽에는 인간의 필멸적인 운명에 대한 각성이 널리 유행했었다. 당시의 많은 그림에는 살아 있는 사람들에게 죽음을 환기시키는 도상이 많이 등장한다. 해골은 물론, 모래시계, 꽃, 향수, 물방울, 악기는 삶의 덧없음을 보여 주는 상징이었다. mori라는 말은 라틴어로 '죽음'을 의미한다. mort-와 어원이 동일하다.

아마추어amateur는 아마토amator(뭔가를 좋아하는 사람)라는 말에서 왔다. 아마추어는 스포츠나, 예술, 학문을 단지 좋아서 하는 사람을 말한다. 돈을 목적으로 하지 않기 때문에 진정성에 있어서는 프로보다 뛰어나다고 할 수 있을 것이다.

love 사랑

예문: Love can be as profound as it is fleeting.

사랑은 깊으면서도 덧없는 감정일 수 있다.

동의어: affection, adoration, passion

반의어: hate, animosity

amortal 필멸을 부정하는(과학 기술을 통한 노화 극복 개념)

예문: With modern advancements, some people aim to live an amortal lifestyle.

현대 과학의 발전으로 일부 사람들은 필멸을 거부하는 삶을 지향한다.

동의어: age-defying, ageless

반의어: mortal, aging

petite mort 작은 죽음(오르가즘을 묘사하는 프랑스어 표현)

예문: Freud once referred to orgasm as a "petite mort".

프로이트는 오르가즘을 '작은 죽음'이라고 표현한 적이 있다.

동의어: climax, release(완화된 의미에서)

반의어: vitality, energy

mortician 장의사

예문: The mortician arranged the funeral services with great care.

그 장의사는 장례식을 세심하게 준비했다.

동의어: undertaker, funeral director

morgue 시체 안치소

예문: The detective visited the morgue to gather clues about the victim.

그 형사는 희생자에 대한 단서를 찾기 위해 시체 안치소를 방문했다.

동의어: mortuary, crypt

mortgage 주택 담보 대출, 저당

예문: They took out a mortgage to purchase their first home.

그들은 첫 번째 집을 구매하기 위해 주택 담보 대출을 받았다.

동의어: loan, collateral

반의어: asset free, unsecured debt

memento mori 메멘토 모리(죽음을 기억하라)

예문: Memento mori became a common theme in medieval art.

메멘토 모리는 중세 미술에서 흔한 주제가 되었다.

동의어: reminder of death, mortality symbol

반의어: carpe diem(현재를 즐기라는 표현)

vanitas 바니타스(허무를 그린 미술 장르)

예문: Vanitas paintings often depict skulls, flowers, and hourglasses.

바니타스 그림은 종종 해골, 꽃, 모래시계를 묘사한다.

동의어: memento mori art, still life of mortality

immortality 불멸, 영원성

예문: Myths of immortality have fascinated humans for centuries.

불멸에 대한 신화는 수 세기 동안 인간을 매료시켜 왔다.

동의어: eternity, perpetuity

반의어: mortality, transience

Edgar Allan Poe 에드거 앨런 포(미국 작가)

예문: Edgar Allan Poe is known as the father of the detective story.

에드거 앨런 포는 추리 소설의 아버지로 알려져 있다.

amateur 아마추어, 비전문가

예문: He is an amateur painter who creates art out of passion.

그는 열정으로 그림을 그리는 아마추어 화가이다.

동의어: hobbyist, nonprofessional

반의어: professional, expert

passion 열정

예문: Her passion for music led her to pursue a career as a singer.

그녀의 음악에 대한 열정은 가수로서의 길을 걷게 했다.

동의어: enthusiasm, zeal, fervor

반의어: indifference, apathy

death 죽음

예문: Death is a natural part of life.

죽음은 삶의 자연스러운 일부이다.

동의어: demise, passing, end

반의어: life, birth

mortality 필멸성, 죽음의 필연성

예문: Awareness of mortality often brings a deeper appreciation of life.

필멸성에 대한 인식은 종종 삶에 대한 깊은 감사를 가져온다.

동의어: transience, finitude

반의어: immortality, eternity

allegory 알레고리, 비유

예문: The story is an allegory for human perseverance.

그 이야기는 인간의 인내에 대한 알레고리이다.

동의어: parable, fable, metaphor

반의어: literal, straightforward story

existentialism 실존주의

예문: Existentialism explores themes of life, death, and personal meaning.

실존주의는 삶, 죽음, 그리고 개인적 의미에 대한 주제를 탐구한다.

동의어: philosophy of existence, individualism

반의어: determinism, collectivism

21

기적miracle은 거울mirror 속에서 무얼 보고 있는가?

메시아messiah와 신기루mirage

'구원자', '구세주'라는 의미의 메시아messiah는 동명의 넷플릭스 시리즈 제목이기도 하다. 이 드라마의 가장 강력한 주제는 기적miracle이다. 현대에도 기적은 가능할까. 이 드라마는 정말 기적 같은 일이 벌어졌어도 쉽게 믿지 않는 인물들로 가득하다. 사람들은 기적을 과학으로, 디지털로, 전자 기기로 구분하고 분석하려고 한다. 그들에게 기적을 보여 주기는 쉬워도, 믿게 하는 것은 어렵다.

기적은 miracle이다. mir-라는 어원은 보는 것과 관련이 있다. 기적은 보는 사람의 경탄을 자아낸다. 이성을 뛰어넘는 현상 배후의 어떤 힘에 대한 경외일수도 있다. '존경하다'는 뜻의 ad-mire는 누군가를 향해서ad- 본다는 뜻이 있다. 존경스러운 누군가는 항상 시선의 지향점이 된다.

데이비드 린David Lean 감독의 1962년 영화, 〈아라비아의 로렌스Lawrence of Arabia〉는 러닝 타임이 거의 4시간에 가깝다. 보다 쉬다, 보다 쉬다 하면서 봤지만, 신기루mirage 현상이 어떤 것인지 매우 실감 나게 볼 수 있었던 장면이 기억난다.

신기루mirage는 대기와 뜨거운 열기가 만들어 낸 일종의 거울이다. 타는 목마름과 허기, 그리고 고갈된 체력 앞에서 일렁이는 오아시스의 유혹을 거부하기는 어렵다. 신기루는 달콤하게 보이는 것만큼이나 치명적이다. 신기루를 향한 발걸음을 되돌리기는 어렵다. 그래서일까, 프랑스는 자신들이 개발한 전투기에 미라주Dassault Mirage라는 이름을 붙였다.

거울mirror은 보는 것과 관련된 가장 가까운 사물이다. 거울은 가까운 일상 속에 있지만, 오랫동안 들여다보면 문득 기괴하고 낯선 이미지를 만들어 내기도 한다. 거울에 비친 자신의 모습은 좌우가 반대된 것처럼 보인다. 주변의 환경에 따라 색을 변화시키는 카멜레온은 거울의 방에서 무슨 색으로 변할지 궁금하다.

라틴어로 거울은 speculum이다. 단어 속의 spek-은 본다는 뜻과 관계있다. 기대한다expect는 것은 누군가의 잠재된 가능성을 밖으로ex- 꺼내어 본다spect는 뜻일 것이다. 누군가를 존경한다respect면 얼굴을 들이밀지는 않을 것이다. 존경하는 사람을 뒤로re- 떨어져서 보는 것spect이라고 생각할 수 있겠다. '성찰하다', '명상하다'는 뜻의 speculation은 자기 자신의 내면을 살펴본다는 뜻으로 이해하면 근사하다.

보이는 것과 관련해서 햇빛이 만들어 내는 빛의 파장은 스펙

트럼spectrum을 만들어 낸다. 자외선부터 적외선까지 일곱 빛깔 무지개의 아름다운 색들은 프리즘이 만들어 내는 기적 같은 현상이다.

적국에 침입해서 비밀을 빼내 오는 스파이spy에도 본다는 의미의 흔적이 있다. spy는 13세기부터 '은밀하게 살펴보다'라는 뜻으로 사용되었다. 역시 '보다'라는 뜻의 spek-으로부터 갈라져 나온 말이다. 스파이 행위는 espionage라고 한다.

기적과 관련해서 아인슈타인Albert Einstein은 이런 말을 한 적이 있다.

인생을 살아가는 데 두 가지 태도가 있습니다. 하나는 기적이란 존재하지 않는다고 생각하고 사는 것이고, 또 하나는 매 순간을 기적이라고 생각하며 사는 것입니다.

miracle 기적

예문: The patient's sudden recovery was seen as a miracle.

그 환자의 갑작스러운 회복은 기적으로 여겨졌다.

동의어: marvel, wonder, phenomenon

반의어: ordinary event, mundane

mirror 거울

예문: She looked at herself in the mirror, lost in thought.

그녀는 거울 속 자신을 바라보며 생각에 잠겼다.

동의어: looking glass, reflection

반의어: transparency

messiah 메시아, 구세주

예문: The people awaited the coming of a messiah to bring peace.

사람들은 평화를 가져올 메시아의 도래를 기다렸다.

동의어: savior, deliverer, liberator

반의어: oppressor, antagonist

admire 존경하다

예문: Many people admire her courage and determination.

많은 사람들이 그녀의 용기와 결단력을 존경한다.

동의어: respect, esteem, revere

반의어: despise, disdain

speculation 성찰, 사색

예문: Speculation about the meaning of life has fascinated
philosophers for centuries.

삶의 의미에 대한 사색은 수 세기 동안 철학자들을 매료시켰다.

동의어: contemplation, reflection, meditation

반의어: ignorance, disregard

expectation 기대, 예상

예문: Her expectation was to receive good news.

그녀는 좋은 소식을 듣기를 기대했다.

동의어: anticipation, hope, outlook

반의어: doubt, surprise

spy 스파이, 간첩

예문: The spy collected valuable information for the
government.

그 스파이는 정부를 위해 귀중한 정보를 수집했다.

동의어: agent, informant, operative

espionage 첩보 활동, 간첩 행위

예문: Espionage has been used as a tool of intelligence gathering for centuries.

첩보 활동은 수 세기 동안 정보 수집의 도구로 사용되어 왔다.

동의어: spying, intelligence, surveillance

mirage 신기루

예문: The desert heat created a mirage that looked like water.

사막의 뜨거운 열기는 마치 물처럼 보이는 신기루를 만들었다.

동의어: illusion, hallucination, phantom

반의어: reality, actuality

spectacular 장관의, 화려한

예문: The mountain view was absolutely spectacular.

그 산의 경치는 정말 장관이었다.

동의어: breathtaking, magnificent, impressive

반의어: plain, ordinary

marvel 경이로운 것, 놀라다

예문: The structure was a marvel of engineering.

그 건축물은 공학적으로 경이로운 작품이었다.

동의어: wonder, phenomenon, miracle

반의어: common occurrence, normality

vision 시각, 비전

예문: She had a vision of what the world could be like.

그녀는 세상이 어떻게 변할 수 있을지에 대한 비전을 가지고 있었다.

동의어: foresight, outlook, sight

반의어: blindness, shortsightedness

reverence 숭배, 경외

예문: Many people feel reverence toward historical leaders.

많은 사람들이 역사적 지도자들에게 경외심을 가진다.

동의어: veneration, admiration, respect

반의어: disdain, disrespect

imagination 상상력

예문: Her vivid imagination allowed her to write captivating stories.

그녀의 풍부한 상상력은 매혹적인 이야기를 쓰는 데 도움이 되었다.

동의어: creativity, fantasy, inventiveness

반의어: reality, limitation

anticipation 예상, 기대

예문: There was great anticipation before the concert began.

콘서트가 시작되기 전에 큰 기대감이 있었다.

동의어: expectation, eagerness, excitement

반의어: surprise, unpreparedness

speculate 추측하다, 성찰하다

예문: The scientist speculated about the potential findings of the experiment.

그 과학자는 실험 결과에 대해 추측했다.

동의어: hypothesize, ponder, reflect

반의어: know, disregard

realism 현실주의

예문: Her art style is characterized by realism and attention to detail.

그녀의 예술 스타일은 사실주의와 세부 묘사에 중점을 둔다.

동의어: practicality, authenticity, naturalism

반의어: fantasy, idealism

22

당신의 왼쪽 가슴 로고logo는 귀신ghost의 자리다

로고logo와 마스코트mascot

모든 로고logo에는 귀신이 있다.

현대인들에게 로고는 매우 친숙하다. 일상적으로 사용하는 많은 물건 중 로고 없는 물건은 거의 없다. 나이키 운동화에서 애플 컴퓨터, 마이크로소프트, 삼성 스마트폰, 루이비통, 샤넬, 구찌 등 많은 물건은 단순한 로고로 상품의 정체성을 과시한다.

로고logo는 로고그램logogram의 줄임말이다. 로고는 '단어', '말'을 의미하는 로고스logos에서 파생된 말이다. 그리스어에서 유래한 그램-gram은 '그림'을 의미하지만, '일종의 문자', '기호'라는 의미의 접미사로도 쓰인다. 풀이한다면, 어떤 의미를 가진 형태로서의 말 혹은 단어 정도라도 할 수 있을 것이다.

서양 문명에서 로고스라는 말에는 매우 중요한 사회적, 문화적, 종교적 그리고 역사적인 의미가 있다. 요한복음 첫 구절은 이렇게 시작한다. "태초에 말(λόγος=logos)이 있었다(In the beginning

243

existed the word and the word existed with the god and a god was the word).”

logos는 논리를 의미하는 많은 단어들의 어근이 된다. ‘논리학’, ‘논리’라는 말의 logic은 logos에서 파생된 단어다. 로고스는 biology, psychology, geology 등 특히 학문을 지칭하는 많은 단어에서 사용되고 있다. 말, 언어는 기본적으로 이성의 토대라고 할 수 있다. 논리학은 언어를 근간으로 이루어진 사고의 형식이다.

서양 철학에서 로고스의 의미를 철학적으로 정립했던 헤라클레이토스Heraclitus의 로고스는 흔히 우리가 알고 있는 것처럼, ‘이성적’인 것만을 의미하지 않았다. 그는 ‘만물을 연관 짓고 모든 자연 현상을 발생시키는 보편적인 원리’로서 로고스를 의미했으며, 이러한 로고스를 아는 것이 ‘지혜’라고 했다. 하지만 여전히 이러한 로고스를 이성적이고 과학적인 것으로만 한정 지으려는 사람들이 있다.

헤라클레이토스는 이렇게 말했다. “비록 로고스는 모든 사람들에게 보편적인 것이지만, 대부분의 사람들은 자신에게만 로고스가 있는 것처럼 살고 있다Although the logos is universal, most people live as if they had an understanding of their own.” 그의 보편적인 원리는 밤/낮, 상/하, 삶/죽음, 빛/어둠 등의 상호 의존성과 동적 평형을 의미한다.

마치 동양의 음양(陰陽) 사상에서 추구하는 균형의 의미와 비슷하다. 로고스는 세상에 대한 인식에 있어서 균형을 만들 수 있는 모순되지 않은 체계로 이해할 수 있다. 모순되지 않게 설명한다면 과학도 미신도 신화도 모두 로고스적인 것이라고 할 수 있다.

마르크스는 자본주의 사회에서 상품이 갖는 물신物神성을 일종의 비합리적이고 신화적인 사고의 형태라고 밝혔다. 그런 면에서 상품의 상징이라고 할 수 있는 로고는 매우 비합리적이고 신화적이며 미신적인 정신성을 나타낸다. 많은 사람들은 물건의 가치보다 로고의 가치를 더 중요하게 생각하고, 로고에 진정한 물질적 가치가 있다고 믿으며, 그것은 현실적으로 현금과 교환되며 실현된다. 이성적이고 논리적인 의미를 어원으로 하는 로고가 이처럼 신화적이고 물신적인 양상으로 발전한 것은 매우 아이러니하다.

서양은 보통 동양과 대비되는 관점에서 이성 중심적이고, 과학적이며, 합리적인 사고를 지향하는 문명으로 여겨진다. 하지만 그 이성 중심적인 과학성의 근저에는 과거 동양적인 속성으로 여겨졌던 신비적이고, 비과학적이며 미신적인 믿음이 깔려 있다.

서양에서 흔히 수호신의 역할을 한다고 믿는 마스코트mascot는 어원이 마스크mask와 관계가 있다. 고대 그리스에서는 신에게 제사를 지낼 때 사제들이 과장된 얼굴의 표정을 각인한 마스크를 쓰고 춤을 추거나 기도를 올렸다. 그리스의 원형 극장은 무대와 관객석이 아주 멀리 떨어져 있지만, 이런 마스크를 쓰고 있으면 그 표정은 어느 정도 멀리서도 볼 수 있었다.

마스크와 마스코트의 관계는 더 이어진다. 마스코트는 일상적으로 사용되는 것처럼, 일종의 수호신의 상징이다. 동물이거나 사람이거나, 물건이거나 어떤 표상으로

사용될 수 있는 것이라면 모두 가능하다. 마스코트에는 일종의 신비화된 믿음이 부여된다. 마스코트의 어원에 연결된 마스크에는 악몽, 유령과 같은 의미도 포함되어 있어서 초자연적인 현상과 결부된다. 따라서 마스크는 부적 같은 신비로운 힘과 연관되기도 한다. 부적처럼 말이다. 부적은 영어로 쉽게 charm이라고 번역한다. 여기서 파생된 charming이라는 말은 흔히 '매력적이다'는 말로 번역된다. '매력적인'이라는 의미의 단어에는 attractive도 있다. attract 한다는 말은 끌어당긴다는 말이다. 밧줄로 묶거나 손잡이를 당겨서 끌어당기는 것pull이 아니다. 중간에 매개된 물리적 장치가 없는데 끌어당기는 것이다.

　　뉴턴이 중력을 발견하기 전까지 서양의 물리학 체계에서 따로 떨어져 있는 두 물체 사이의 힘은 인정되지 않았다. 동양에서는 그 사이에 항상 기氣가 존재한다고 믿었지만 말이다. 기는 보이지 않는다. 하지만 존재하지 않는 것은 아니다. 보이는 것 중심의 물리학으로는 절대 이해할 수 없던 힘이지만, 뉴턴은 그 보이지 않는 힘을 발견하고 중력이라고 불렀다. 시대와 지역을 불문하고 과학자의 대표적인 표상으로 여겨지던 뉴턴이 사실은 보이지 않는 힘의 존재를 인정한 것으로 물리적 세계관과 과학적 세계관의 화신이 된 것 또한 아이러니하다.

　　귀신은 보이지 않는 기氣로 존재하고 인간은 경험적인 질質로 존재한다. 물론, 살아 있는 인간에게도 이런 정신적인 기는 혼재한

다. 예를 들어, 어떤 사람에게 '호인의 기질氣質이 있다'라고 말할 때, 이 말은 그 사람의 보이지 않는 정신성과 육체적인 물질성을 동시에 의미한다.

끌어당기는 힘, 그것은 매력이다. 그리고 마스코트, 마스크, charm, attractive 그리고 '매력'을 관통하는 의미는 귀신鬼神이 다. 혹은 귀신으로 대표될 수 있는 미신적이고, 신비적이며 신화적인 의미라고 할 수 있다. 한자를 살펴보면 쉽게 추측할 수 있다. 매력이라는 말은 한자로 魅力라고 쓴다. 단어에 이미 귀신[鬼]이 있다. charm과 attractive를 '매력'으로 번역한 최초의 번역자는 분명 한자에 매우 능숙한 사람이었을 것이다.

최근 들어 영어의 glamour라는 단어가 매력을 의미하는 용법으로 많이 사용되었다. 글래머glamour라는 말은 보통 육감적인 미녀를 지칭하는 말이었는데, 최근에는 남녀 공통 매력적인 사람에 대해서 많이 사용되고 있다. glamour는 '문법'을 의미하는 그래머grammar와 관계가 있다. 과거 마법의 주문에는 일종의 규칙이 있었는데, 그것을 grammar라 부르기도 했다. 결국, 매력을 의미하는 glamour라는 단어의 기원에도 역시 마법적인 요소, 혹은 동양적인 관점에서라면 귀신적인 요소[魅力]가 개입되어 있는 것을 보면, 매력은 평범한 차원을 넘어서는 능력이 있는 것 같다.

로고가 갖는 매력은 마치 귀신에게 부적을 쓰는 것처럼 효력이 있다. 많은 사람들은 부적을 미신적이라고 생각하는데, 사실로고에 대한 믿음은 부적에 대한 믿음과 크게 다르지 않다. 부적으로 귀신을 쫓아내기도 하지만, 좋은 기운을 불러오게도 한다.

로고 역시 선택에 따라서 비슷한 목적으로 사용될 수 있다. 특정 로고는 특정한 의미를 전달한다. 로고를 선택하는 것은 그 의미를 선택하는 것이고, 결국 로고는 사람들의 마음속에 어떤 믿음을 일으킴으로써 대상을 실제와 다르게 의도된 모습처럼 보이게 하는 기능을 한다. 부적은 귀신에게 쓰고 로고는 사람을 대상으로 사용할 뿐 기능과 효과는 비슷하지 않는가?

현대 소비 사회가 귀신을 만나는 상황은 극적이지만 매우 일상적이다. 흔히 자기도 모르게 신용 카드를 과도하게 긁게 되면 우리는 '지름신神'이 내렸다고 말하지 않는가? 로고 없는 물건을 살 때 우리는 '지름신'을 만나지 않는다. 그 신은 결국 로고 속의 귀신이다.

logo 로고, 상징

예문: The logo of the company is instantly recognizable.

그 회사의 로고는 즉시 알아볼 수 있다.

동의어: emblem, symbol, trademark

logogram 로고그램, 기호

예문: Chinese characters are examples of logograms.

한자는 로고그램의 한 예이다.

동의어: symbol, icon, sign

반의어: letter, phonogram

logos 로고스, 이성, 말

예문: The concept of logos has deep philosophical implications.

로고스 개념에는 깊은 철학적 의미가 있다.

동의어: reason, word, principle

반의어: pathos(감정), chaos(혼란)

logic 논리, 이성

예문: His argument was based on sound logic.

그의 주장은 탄탄한 논리에 기반하고 있었다.

동의어: reasoning, rationality, coherence

반의어: fallacy, irrationality

mascot 마스코트

예문: The team's mascot was a fierce-looking tiger.

그 팀의 마스코트는 사나운 호랑이였다.

동의어: symbol, emblem, charm

charm 매력, 부적

예문: The necklace was believed to be a charm for good luck.

그 목걸이는 행운을 가져다주는 부적이라고 믿어졌다.

동의어: attraction, allure, talisman

반의어: repulsion, dislike

attractive 매력적인

예문: The city's waterfront is very attractive to tourists.

그 도시의 해안가는 관광객들에게 매우 매력적이다.

동의어: appealing, captivating, charming

반의어: unattractive, unappealing

glamour 매력, 유혹적인 아름다움

　예문: Hollywood is known for its glamour and luxury.

　할리우드는 화려함과 사치로 유명하다.

　동의어: allure, charm, enchantment

　반의어: plainness, drabness

attract 끌어당기다

　예문: The new store attracted many customers.

　새로운 가게는 많은 고객을 끌어들였다.

　동의어: draw, entice, appeal to

　반의어: repel, deter

qi 기(氣, 에너지)

　예문: Qi is believed to flow through all living things in Eastern philosophy.

　동양 철학에서는 기가 모든 생명체에 흐른다고 믿는다.

　동의어: energy, life force, essence

mysticism 신비주의

　예문: Many ancient cultures incorporated mysticism into their religious practices.

　많은 고대 문화들은 종교적 실천에 신비주의를 포함시켰다.

　동의어: spirituality, esotericism, occultism

　반의어: rationalism, materialism

talisman 부적

예문: He wore a talisman around his neck for protection.
그는 보호를 위해 목에 부적을 걸고 있었다.
동의어: amulet, charm, good-luck piece

possession 소유, 소유물, (귀신에 의한) 빙의

예문: The ancient amulet was believed to cause possession by spirits.
그 고대 부적은 귀신의 빙의를 초래한다고 믿어졌다.
동의어: ownership, control, occupancy
반의어: loss, dispossession

emblem 상징, 표상

예문: The dove is an emblem of peace.
비둘기는 평화의 상징이다.
동의어: symbol, logo, insignia

phenomenon 현상

예문: The aurora borealis is a natural phenomenon visible in the polar regions.
오로라는 극지방에서 볼 수 있는 자연 현상이다.
동의어: event, occurrence, marvel
반의어: normality, regularity

materialism 물질주의

예문: Materialism often overlooks the importance of human connections.

물질주의는 종종 인간관계의 중요성을 간과한다.

동의어: consumerism, acquisitiveness, greed

반의어: spirituality, asceticism

icon 상징, 아이콘

예문: The apple logo has become an iconic symbol in technology.

애플 로고는 기술 분야에서 상징적인 아이콘이 되었다.

동의어: symbol, emblem, image

grammar 문법

예문: Mastering grammar is essential for learning a new language.

문법을 숙달하는 것은 새로운 언어를 배우는 데 필수적이다.

동의어: syntax, language rules

23

스타벅스Starbucks는
모비 딕Moby-Dick을 좋아해

스타벅스Starbucks와 사이렌Siren

가까이! 좀 더 가까이 다가오라, 스타벅. 어디 사람의 눈을 좀
들여다보자. 그것이 바다나 하늘을 바라보는 것보다 훨씬 낫
다. 신을 올려다보는 것보다도 낫다. 이것은 마법의 거울이다.
(『모비 딕』중)

스타벅스 커피가 처음 시애틀에 문을 연 것은 1971년이었다.
당시 샌프란시스코 대학의 학생이었던 세 사람이 좀 더 좋은 커피
를 만들어 보고자 의기투합한 것이 인연이었다. 스타벅스의 이름
에는 애플사의 이름처럼 흥미로운 전설이 있다. 스타벅스Starbucks
의 이름은 19세기 미국 소설인 『모비 딕』에 등장하는 항해사의
이름, 스타벅Starbuck에서 따왔다는 것이다. 『모비 딕』은 허먼 멜빌
Herman Melville의 고래에 대한 백과사전 같은 소설이다.
　공식적으로 스타벅스의 이름은 『모비 딕』과 관련이 없다는

입장을 밝혔다지만, 아무래도 대중은 좀 더 드라마틱한 역사를 선호한다. 그러다 보니, 『모비 딕』에 등장하는 항해사의 이름 스타벅이 커피 전문점 브랜드의 이름 스타벅스과 관련이 있다는 루머가 생긴 듯하다.

『모비 딕』에 등장하는 소설 속 주인공의 이름은 이스마엘Ishmael이다. 『모비 딕』의 첫 문장은 세계 문학사에서 가장 유명한 문장 중 하나가 되었다. 그것은 이렇게 시작한다.

나를 이스마엘이라 불러다오.
Call me Ishmael.

이스마엘과 대조를 이루는 피쿼드Pequod호의 선장은 에이해브Ahab이다. 『모비 딕』은 소설 속에 등장하는 인물들이 가지고 있는 상징적인 의미가 매우 강하다. 특히, 하얀 고래, 모비 딕Moby-Dick은 인간이 뒤좇는 잡을 수 없는 욕망을 상징하기도 하고, 절대 악을 의미하기도 한다. 고래는 단지 거기에 있을 뿐, 그것을 잡으려는 것은 오직 인간의 마음이다.

스타벅스 커피의 로고는 바다와 관계가 있다. 인어인 듯 보이는 초록의 여인은 그리스 신화에 등장하는 사이렌Siren이다. 구급차나 경찰차가 긴급한 상황에서 울리는 사이렌이기도 하다. 사이렌은 그리스 신화에 등장하는 바다 요정sea nymph 같은 존재라고 할 수 있다. 사람을 닮았지만 인간을 유혹하는 노랫소리로 뱃사람을 물에 빠져 죽게 한다.

초기 사이렌의 모습은 흔히 인어mermaid와 혼동되기도 했다. mer-는 '바다', maid는 '여성'이라는 뜻이다. mer-는 marine과 같은 단어에서 바다와 관련된 의미를 만든다. 잠수함submarine은 물marine 아래sub-라는 의미로 조합된 말이다. 해병대는 Marine Corps라고 한다. 바다의marine 군대corps다. 모두 '바다'를 의미하는 라틴어 마레mare와 관계가 있다. 일 마레il mare라는 이름이 등장하는 영화도 있었고, 또 어느 파스타집도 있었다.

사이렌은 영어권에서 하피Harpy로 인식되기도 했다. 하피는 그리스 신화에 등장하는 여성의 얼굴과 사악한 날개를 가진 커다란 새다. 아름다운 노랫소리는 인어보다는 새와 더 관계가 깊은 것으로 보아, 사이렌은 새의 모습으로 형상화되었다. 화가들은 사이렌의 모습을 아름다운 인어처럼 그리기도 했고, 또 날개 달린 새의 모습으로 그리기도 했다.

신화 속 사이렌의 소리는 듣는 사람을 위험하게 했다. 하지만 현대의 사이렌은 위험으로부터 안전을 지키기 위해 울린다.

호메로스의 『오디세이』에는 사이렌과 관련한 재미있는 에피소드가 있다. 오디세우스가 바다를 항해하는데, 그 바다에는 아름다운 노래로 선원들을 홀려서 물에 빠져 죽게 하는 인어들이 있었다. 바로 사이렌이었다. 사이렌의 노랫소리는 너무 아름다워서, 그 소리를 들으면 선원들은 자기도 모른 채 그 소리를 따라 바닷속으로 빠져들어 갔다. 그 소리를 들었던 사람들 중 무사한 사람은 아무도 없었다. 이 사실을 잘 알고 있는 오디세우스는 자신의 선원들에게 모두 귀를 막으라고 명령한다.

하지만, 정작 자신은 귀를 막지 않았다. 대신 선원들을 시켜서 자신을 돛대에 묶어 놓으라고 지시한다. 오디세우스는 사이렌의 노래를 듣고 싶었던 것이다. 그는 사이렌의 노래가 궁금했다. 결국, 치명적인 사이렌의 노래를 들으면서 자신의 안전도 지킬 수 있는 교묘한 방법을 택했다. 이후 많은 그림과 이미지 속에서 돛대에 묶여 있는 오디세우스의 모습이 그려지게 된다. 묶여서 고통스러운지, 노랫소리를 들어서 행복한지 표정을 이해하기 힘들다.

Starbucks 스타벅스

예문: Starbucks is known for its iconic green logo and coffee culture.

스타벅스는 상징적인 초록색 로고와 커피 문화로 유명하다.

Moby-Dick 『모비 딕』(소설 제목)

예문: *Moby-Dick* explores themes of obsession and the limits of human ambition.

『모비 딕』은 집착과 인간 야망의 한계를 탐구한다.

Siren 사이렌, 그리스 신화의 바다 요정

예문: The Sirens lured sailors to their doom with enchanting songs.

사이렌들은 매혹적인 노래로 뱃사람들을 유혹해 파멸로 이끌었다.

동의어: sea nymph, temptress

mermaid 인어

예문: Legends of mermaids appear in cultures around the world.

인어 전설은 전 세계 여러 문화에서 등장한다.

동의어: sea maiden, water spirit

marine 바다의, 해양의

예문: Marine life is affected by pollution and climate change.

해양 생태계는 오염과 기후 변화의 영향을 받는다.

동의어: oceanic, nautical, maritime

반의어: terrestrial, inland

Odyssey 『오디세이』(그리스의 서사시, 호메로스의 작품), 긴 여정

예문: *The Odyssey* recounts Odysseus's long journey home after the Trojan War.

『오디세이』는 트로이 전쟁 이후 오디세우스의 긴 귀향 여정을 다룬다.

동의어: journey, adventure, voyage

obsession 집착, 강박

예문: Captain Ahab's obsession with Moby-Dick leads to his downfall.

에이해브 선장의 모비 딕에 대한 집착은 그의 파멸로 이어진다.

동의어: fixation, preoccupation, compulsion

반의어: indifference, disregard

Harpy 하피, 그리스 신화의 새와 같은 요괴

예문: Harpy is often depicted as a creature that embodies both beauty and menace.

하피는 종종 아름다움과 위험을 동시에 지닌 존재로 묘사된다.

동의어: demon, fiend

nymph 님프, 요정

예문: Nymphs were believed to inhabit rivers, forests, and mountains.

님프들은 강, 숲, 산에 거주한다고 믿어졌다.

동의어: fairy, sprite, spirit

반의어: mortal, human

Ahab 에이해브(『모비 딕』의 등장인물)

예문: Captain Ahab's relentless pursuit of Moby-Dick symbolizes human obsession.

에이해브 선장의 모비 딕에 대한 끈질긴 추격은 인간의 집착을 상징한다.

Pequod 피쿼드(『모비 딕』의 배 이름)

예문: The Pequod sails across the ocean in search of the elusive whale.

피쿼드는 잡히지 않는 고래를 찾아 바다를 항해한다.

voyage 항해, 여행

예문: The voyage across the Atlantic took several weeks.

대서양을 가로지르는 항해는 몇 주가 걸렸다.

동의어: journey, expedition, trip

fantasy 환상, 공상

예문: Fantasy allows readers to escape into worlds of magic and adventure.

판타지는 독자들이 마법과 모험의 세계로 빠져들게 한다.

동의어: dream, imagination, illusion

반의어: reality, fact

seduction 유혹

예문: The Sirens' seduction led many sailors to their doom.

사이렌들의 유혹은 많은 뱃사람들을 파멸로 이끌었다.

동의어: attraction, lure, temptation

반의어: repulsion, rejection

safety 안전, 보안

예문: Hearing a siren often signals the arrival of safety personnel.

사이렌 소리는 종종 구조대의 도착을 알린다.

동의어: protection, security

반의어: danger, hazard

danger 위험

예문: Ignoring the warning signals can lead to great danger.

경고 신호를 무시하면 큰 위험을 초래할 수 있다.

동의어: peril, risk, threat

반의어: safety, security

allure 매력, 유혹

예문: The allure of the sea has inspired many writers and artists.

바다의 매력은 많은 작가와 예술가에게 영감을 주었다.

동의어: charm, attraction, appeal

반의어: repulsion, distaste

temptation 유혹, 욕망

예문: Odysseus faced temptation as he passed the Sirens' island.

오디세우스는 사이렌들의 섬을 지나며 유혹과 맞섰다.

동의어: enticement, allure, seduction

반의어: aversion, avoidance

epic 서사시

예문: *The Odyssey* is an epic that has been retold for centuries.

『오디세이』는 수 세기 동안 되풀이해 전해지는 서사시이다.

동의어: saga, legend, narrative

반의어: anecdote, short story

immersive 몰입하는, 몰입감 있는

예문: The immersive experience of the novel captivated readers.

그 소설의 몰입감 있는 경험은 독자들을 사로잡았다.

동의어: engaging, absorbing, captivating

반의어: distracting, disengaging

ambition 야망, 열망

예문: Ahab's ambition drove him to pursue the whale relentlessly.

에이해브의 야망은 그가 끊임없이 고래를 추적하게 했다.

동의어: aspiration, drive, determination

반의어: complacency, contentment

24

봄spring의 에스프리esprit는 시간을 뛰어넘고

봄spring과 용수철spring

봄spring은 약동한다springs. 봄은 용수철과 같은 복원력resilience을 갖고 있다. 용수철과 봄이 영어로 스펠링이 같은 것은 우연의 일치라고 생각했다. 하지만 두 단어는 사실상 같은 의미라고 할 수 있다. 용수철은 가장 가까운 곳에 있는 제일 단순한 장난감toy이다. 용수철이 다시 튀어 오르는 힘은 남녀노소 누구에게나 흥미를 가져다준다.

힘껏 누를수록 튀어 오르는 힘이 커진다. 용수철은 생명의 본질을 말해 준다. 사람들은 생명의 힘을 보여 주는 용수철을 보면서 무의식 중에 즐거워한다. 겨울 동안 죽어 있던 생명들이 봄이 되면 다시 태어난다. 용수철을 누르면 다시 올라오는 힘이 생기는 것과 같다.

겨울 동안 땅속 깊이 언 채로 버티던 생명들이 봄이 되면 지표를 뚫고 나온다. 겨울은 겉으로 죽은 듯 보이지만, 안으로 생명을 감추는 계절이다. 봄이 되면 생명들은 위로 튀어 오르려는 힘과 동의어가 된다. 봄은 용수철이다.

튀어 오르는 것은 역동적dynamic이다. 그래서 도약leap, 터져 나오는 것burst, 자라는 것grow, 퍼뜨리는 것 등과도 의미상 관계가 있다. 흥청망청 먹고 마시고 천방지축 판을 벌이는 것을 spree라고 한다. 종종 극단적인 행동을 의미하기도 한다. 총기 난사는 shooting spree라고 한다.

역동적인 움직임 속에서 '활기찬', '생동감 있는', 그리고 '지적인 총명함'의 뜻으로도 읽힌다. 에스프리esprit는 프랑스어에서 왔지만 영어에서도 '재기 넘치는', '지적인'이라는 뜻으로 사용된다.

봄은 만물에게 생명을 불어넣어 준다. inspire는 영혼spirit을 불어넣어 준다는 뜻이다. 많은 경우 예술가나 천재들은 영감inspiration으로부터 창조적인 에너지를 얻는다. spirit는 영혼이지만, 생명의 뜻도 있다. 영혼과 생명의 관계는 철학자들의 숙제로 남겨둔다. 생명을 주관하는 봄spring으로부터 영혼은 그리 멀지 않아 보인다.

쁘렝땅 백화점이 있었다. 지금도 같은 이름의 쇼핑몰이 있는 것 같다. 쁘렝땅은 프랑스어로 '봄printemps'이라는 뜻이다. 영어의 spring이 봄의 약동하는 생명력을 표현했다면 printemps은 계절에 대한 객관적 관찰의 결과를 이름으로 사용했다.

prin은 영어의 prime에 해당한다. prime은 '처음', '최초', '최고의'라는 뜻이다. temps는 '박자', 혹은 '빠르기'를 뜻하는 템포 tempo와 관계있다. tem-은 '자르다'라는 의미와 관계가 있는데, 유명한 미국 티브이 시리즈의 제목 〈그레이스 아나토미Grey's Anatomy〉에서처럼 anatomy는 '해부'를 의미한다. '원자'를 의미하는 아톰 atom은 더 이상 자를 수tom 없다는a- 것을 의미한다. 자르는 것은 왜 템포와 관계가 있는가? 템포는 시간을 자른 것이기 때문이다. 그래서 tempos는 '시간'을 의미한다.

훨씬 더 직접적으로 시간을 time이라고 부를 때, 이미 자르는 것, tim, tem이 시간의 속성인 것을 알 수 있다. 현대식 시간이 도입되기 전, 사람들의 일상은 구분되지 않은 하나의 전체였다. 아우구스투스 시대 로마의 병사들은 이집트의 헬리오폴리스에서 거대한 오벨리스크를 가져와 Campus Martius에 세운다. 그것은 그대로 하나의 거대한 해시계가 되었다. 이것을 본 극작가 Plautus는 탄식했다. "저 거대한 오벨리스크가 나의 하루를 잘게 잘게 자르는구나." 해시계로 사용되는 거대한 오벨리스크는 그 자체로 시간에 대한 권력과 권위를 상징한다. 또한 거대한 직립형 막대기는 남성적인 상징이라고도 할 수 있을 것이다.

temple은 '절'이나 '사원'을 뜻한다. 사람의 신체에서 '관자놀이'를 말하기도 한다. temple에 사용된 '자르다tem'의 의미는 사원이 속세로부터 떨어져cut off 있는 것에서도 드러난다. 하지만 왜 시간의 의미와 연관될 수 있을까? 과거 사원이나 절, 교회에서 울리는 종소리는 사람들에게 시간을 알려 주는 유일한 수단이었다. 한자로 시간을 의미하는 말, 時 속에 절[寺]이 있는 이유일 것이다.

쁘렝땅printemps은 '첫 번째 계절'이라는 뜻이다. 시간적으로 제일 먼저 시작하는 계절이다. 동양의 생로병사의 순환으로 생각한다면, 역시 처음은 생명의 탄생과 관계가 깊다.

생명은 물로부터 시작된다. 생명의 원천은 곧 물의 원천이기도 하다. spring은 그래서 '샘'이라는 뜻도 있다. 스웨덴의 잉마르 베르히만Ingmar Bergman의 1960년 작 〈처녀의 샘The Virgin Spring〉은 감독의 필모그래피 전반에 걸쳐서 그러했듯이 매우 종교적인 주제의 영화다. 원작은 13세기경 스웨덴의 발라드로부터 차용했다.

신앙이 깊은 한 아버지의 딸이 양초를 교회에 가져다주러 가는 길에 낯선 양치기들로부터 능욕당한 후 살해당한다. 양치기들은 딸의 옷을 들고 그 집에 손님으로 찾아간다. 양치기들이 딸의 옷을 들고 있는 것을 본 아버지는 그녀의 죽음을 알게 되고, 독실한 기독교 신자였던 아버지는 하나님을 원망하며 복수를 감행한다.

자신 역시 살인자가 된 아버지는 하나님으로부터 용서를 구한다. 그리고 그 표시로 그는 교회를 세우기로 약속하는데, 마침 그 자리에서 기적처럼 샘이 솟아 흐르기 시작한다.

1972년, 〈나이트메어〉 시리즈로 유명해지기 한참 전의 웨스 크레이븐은 이 영화를 〈왼편 마지막 집The Last House on the Left〉이라는 제목으로 리메이크한다. 그리고 2009년 폭력과 복수 장면이 훨씬 더 생생graphic한 버전으로 또 한 번 리메이크 되었다.

spring 봄, 용수철, 샘

예문: Spring brings new life and vibrant colors to the earth.

봄이 오면 대지는 새로운 생명과 다채로운 색으로 물든다.

동의어: season, coil, fountain

resilience 회복력, 복원력

예문: The resilience of nature is remarkable in spring.

자연의 회복력은 봄이 되면 더욱 놀랍게 드러난다.

동의어: elasticity, strength, adaptability

반의어: rigidity, fragility

spree 흥청망청, 열중

예문: They went on a shopping spree during the holidays.

그들은 연휴 동안 쇼핑에 흠뻑 빠졌다.

동의어: binge, rush, burst

반의어: restraint, moderation

prime 최고의, 주요한, 첫 번째의

예문: Spring is the prime season for growth.

봄은 성장하기에 최적의 계절이다.

동의어: best, foremost, peak

반의어: last, least

tempo 박자, 템포

예문: The tempo of the song was upbeat and lively.

그 노래의 템포는 경쾌하고 활기찼다.

동의어: pace, speed, rhythm

cut off 잘라내다, 차단하다

예문: They were cut off from the rest of the group.

그들은 나머지 그룹과 단절되었다.

동의어: disconnect, separate, isolate

반의어: connect, join

temple 사원, 절, 관자놀이

예문: They visited the ancient temple during their travels.

그들은 여행 중에 고대 사원을 방문했다.

동의어: sanctuary, shrine, church

time 시간

예문: Time is often said to heal all wounds.

시간이 모든 상처를 치유한다고들 한다.

동의어: duration, period, chronology

반의어: timelessness

spring water 샘물

예문: They drank from the fresh spring water in the mountains.

그들은 산속에서 신선한 샘물을 마셨다.

동의어: natural water, fountain water

반의어: stagnant water

graphic 생생한, 사실적인

예문: The movie contained some graphic scenes of violence.

그 영화에는 폭력적인 장면이 사실적으로 묘사되어 있었다.

동의어: vivid, detailed, explicit

반의어: vague, bland

dynamic 역동적인, 활발한

예문: Her dynamic personality made her popular among friends.

그녀의 역동적인 성격은 친구들 사이에서 인기가 많았다.

동의어: energetic, active, vibrant

반의어: static, inactive, lifeless

anatomy 해부학, 해부

예문: Anatomy is essential knowledge for medical students.

해부학은 의대생들에게 필수적인 지식이다.

동의어: dissection, study of structure, biology

revival 부활, 소생

예문: The spring season often brings a revival of energy.

봄철에는 종종 활력이 되살아난다.

동의어: resurgence, rebirth, renewal

반의어: decline, decay

vitality 생명력, 활력

예문: The flowers bloomed with vibrant vitality in spring.

꽃들은 봄의 생명력과 함께 활짝 피었다.

동의어: energy, vigor, liveliness

반의어: lethargy, weakness

primeval 원시의, 태고의

예문: They explored the primeval forest untouched by civilization.

그들은 문명의 손길이 닿지 않은 원시림을 탐험했다.

동의어: ancient, prehistoric, primordial

반의어: modern, recent

rebirth 재생, 부활

예문: Spring symbolizes rebirth after the cold winter.

봄은 추운 겨울 이후의 부활을 상징한다.

동의어: renewal, renaissance, revival

반의어: destruction, end

resonance 공명, 반향

예문: The poetry had a deep resonance with the audience.

그 시는 청중들에게 깊은 울림을 주었다.

동의어: echo, reverberation, impact

반의어: silence, dullness

spiritual 영적인, 정신적인

예문: Spring has a spiritual significance in many cultures.

봄은 많은 문화에서 영적인 의미를 지닌다.

동의어: ethereal, divine, metaphysical

반의어: material, physical

25

토스트toast를 굽고 그대의 눈동자에 건배

건배toast와 갈증thirst

"Let's make a toast." 한국어로 번역한다면, "건배합시다" 정도에 해당되는, 영어권에서 흔히 사용되는 표현이다. 하지만 여기에 사용된 toast는 흔히 먹는 토스트를 의미하기도 한다. 바싹 구운 고소한 빵은 어쩌다 술잔을 부딪치는 구호가 되었을까?

toast라는 단어의 본래 뜻은 '굽다', '건조하게 하다', '메마르게 하다'라는 뜻의 라틴어 toastare에서 왔다. 더 거슬러 올라가면 ters-라는 인도유럽어원으로 연결되는데, 이 단어는 '메마르고 건조하다'는 의미이다. '목마르다'는 뜻의 thirsty는 ters-의 의미를 분명하게 보여 준다. 명사형으로는 thirst, 그리고 이온 음료와 같이 빠르게 갈증을 해소해 주는 것은 thirst-quencher라고 한다.

홍수와 관련된 전설과 신화는 다양하다. 대부분 육지가 보이지 않을 정도로 심각한 홍수가 등장한다. 그야말로 땅이 보이지 않는 바다만 가득한 세상이다. 물은 만물을 젖게 만든다. 반면 육지는 메마르고 건조하다. 그래서 ters-는 '땅'을 의미하는 terra의 어원이 되기도 한다. '땅'을 의미하는 terra는 행정적, 사법적 영역을 의미하는 territory와도 관계가 있다. 또 비슷하게 파생된 terrain은 보통 '지형'이나, '지세'로 번역되는데, 둘 모두 한국어로는 '영토', '영역'이라는 말로도 번역 가능하다.

　inter라는 말은 '~의 사이'를 의미하는 접두사 inter-와 똑같이 생겼지만, 전혀 다른 단어다. inter는 동사로 '땅에 묻다'는 뜻이 있다. in-은 '~안에', 그리고 ter-는 '땅'을 의미하니까, 말 그대로 땅속에 넣는다, 매장한다는 말이다. 명사형으로는 interment를 쓴다.

　지중해를 의미하는 Mediterranean은 스펠링이 복잡하지만, terr-가 '땅'을 의미하는 것만 생각하면 의외로 간단하게 이해된다. medi-는 '중간'을 의미한다. 스테이크를 구울 때, 중간 굽기를 미디엄medium이라고 하거나, 대중과 뉴스를 연결해 주는 미디어media에도 '중간'을 의미하는 medi-가 포함되어 있다. 그래서 mediterranean은 땅의 중간에 있다는 뜻이다. 여기에 sea를 결합하면 지중해, 곧 땅으로 둘러싸인 바다가 된다. medi-라는 접두사를 sub-로 살짝 바꾸면 subterranean이 되는데, 이 단어는 말 그대로 땅terranean 아래sub-에 있다는 뜻이 된다.

　아주 빠른 급물살이나 흐름을 torrent라고 하는데, 단지 물의 흐름만을 의미하지 않는다. 이상하지만, 일단, 단어에 물과 관련된 어원이 없다. 오히려 땅과 관련된 어원인 torr-만 보인다. 그래서 torrent는 물의 흐름을 의미하면서도, 열기나 화염의 흐름을 의미할 때 사용되기도 한다. 감정이나 말을 빠르게 분출할 때도 사용된다.

© O H 237

ters-에 어원을 두고 있는 toast는 빵을 굽는 의미와 동시에 빵 자체를 의미하는데, 술잔을 부딪치며 외치는 건배를 의미하기도 한다. 서양의 문화를 거슬러 올라가면 술을 마시는 것과 빵 사이에서 흥미로운 관계를 발견할 수 있다. 셰익스피어 시대로까지 거슬러 올라가면, 사람들이 술을 따르기 전에 술잔 바닥에 구운 빵 조각을 넣기도 했다. 자료에 따르면, 당시의 술은 종종 불순물이 많았는데 여기에 구운 빵을 넣으면 어느 정도 술을 깨끗하게 하는 효과가 있었다고 한다. 술을 정화해서 마신 셈이다. 또 다른 유래에 대한 설명도 있다. 과거 사람들이 결혼식 같은 행사나 축하할 일이 있을 때, 향신료를 뿌린 구운 빵을 와인에 적셔서 함께 먹었다고 한다. 이때, 빵을 술에 담그고 함께 마시면서 서로의 건강과 안녕을 기원했던 것에서 유래했다는 설도 있다. 어느 경우든, 분명 구운 빵과 술은 궁합이 잘 맞았던 모양이다.

그래서, '구운 빵'을 의미하는 toast라는 말이 술잔을 부딪치는 건배를 의미하는 단어가 되었다. 한국에서 건배사는 보통 '~을 위하여'로 이루어진다. 영어로 옮기다 보면 for를 쓰기 쉬운데, 사실은 to를 사용한다. 예를 들어 '너의 새 직장을 위하여~'라고 한다면, for your new job이 아니라, to your new job으로 쓴다.

Here's to you!는 영어권에서 흔히 사용하는 건배사라고 할 수 있다. "당신을 위하여!" 정도의 의미로 이해하면 된다. Here's to you!라는 똑같은 표현을 제목으로 한 엔니오 모리코네가 작곡한 노래도 있다. 이 음악은 1971년 개봉된 프랑스와 이탈리아의 합작 영화 〈사코 & 반젯티Sacco & Vanzetti〉에서 사용되었다.

영화는 강도 살인 용의자로 체포된 두 주인공이 미국 정부에 의해 무정부주의자로 몰려 결국 사형을 당한다는 이야기다. 실제 두 사람은 억울하게 누명을 쓰고 체포되었고, 당시 이탈리아뿐만 아니라, 국제적으로도 두 사람의 무죄를 주장하는 목소리가 쇄도했다고 한다. 그럼에도 불구하고, 당시 미국 정부가 갖고 있었던 반이탈리아, 반이민 정서, 그리고 당시 무정부주의자들에 대한 편견 때문에 사코와 반젯티는 전기의자에서 사형을 선고받는다. 전기의자에서 사형이 집행되는 것을 암시하는 검은 화면이 지나면서 엔딩 크레딧과 함께 영화는 끝난다. 이때 존 바에즈의 노래, 〈Here's to you〉가 울려 퍼진다.

니콜라와 바트를 추모합니다

우리 마음속에 영원히 잠들었습니다
마지막이자 마지막 순간은 당신의 것입니다
그 고통은 당신의 승리입니다

Here's to you, Nicola and Bart
Rest forever here in our hearts
The last and final moment is yours
That agony is your triumph

toast 토스트, 건배

예문: Let's make a toast to celebrate their anniversary.

그들의 기념일을 축하하며 건배합시다.

동의어: cheer, salute, tribute(건배의 의미에서)

thirst 갈증, 목마름

예문: After the hike, they all had a strong thirst.

등산 후, 그들은 모두 심한 갈증을 느꼈다.

동의어: dryness, craving, desire

반의어: hydration, satisfaction

terra 땅, 지구

예문: Terra refers to the earth or land in Latin.

Terra는 라틴어로 '지구' 또는 '대지'를 의미한다.

동의어: earth, ground, soil

반의어: sky, ocean

territory 영토, 영역

예문: The country expanded its territory through conquest.

그 나라는 정복을 통해 영토를 확장했다.

동의어: region, domain, province

반의어: international waters, public area

terrain 지형, 지세

예문: The mountainous terrain made travel difficult.

산악 지형 때문에 이동이 어려웠다.

동의어: landscape, topography, landform

Mediterranean 지중해

예문: The Mediterranean is famous for its beautiful coastline.

지중해는 아름다운 해안선으로 유명하다.

medium 중간, 매체

예문: The artist used watercolor as his medium.

그 화가는 수채화를 그의 매체로 사용했다.

동의어: intermediary, average, means

반의어: extreme, boundary

subterranean 지하의, 땅 밑의

예문: The subterranean caves were explored by scientists.

과학자들은 지하 동굴을 탐사했다.

동의어: underground, below ground, buried

반의어: surface, aboveground

torrent 급류, 분출

예문: After the storm, the river turned into a raging torrent.

폭풍이 지난 후 강은 거센 급류로 변했다.

동의어: deluge, flood, cascade

반의어: trickle, calm stream

thirsty 목마른, 갈망하는

예문: After hours in the sun, she felt incredibly thirsty.

몇 시간 동안 태양 아래 있은 후, 그녀는 엄청난 갈증을 느꼈다.

동의어: parched, desiring, eager

반의어: quenched, satisfied

torrid 몹시 더운, 열렬한

예문: They endured the torrid heat of the desert.

그들은 사막의 타는 듯한 더위를 견뎠다.

동의어: scorching, sweltering, fervent

반의어: cool, frigid

inter 매장하다, 땅에 묻다

예문: They interred the remains in a family plot.

그들은 가족 묘지에 유해를 매장했다.

동의어: bury, lay to rest

반의어: exhume, disinter

quench 갈증을 해소하다, 진정시키다

예문: The cold water quenched his thirst instantly.

차가운 물이 그의 갈증을 즉시 해소했다.

동의어: satisfy, relieve, extinguish

반의어: arouse, inflame, provoke

sacrifice 희생, 헌신

예문: They made sacrifices for their family's future.

그들은 가족의 미래를 위해 희생했다.

동의어: offering, concession, giving

반의어: gain, self-interest

gratitude 감사, 고마움

예문: She expressed her gratitude with a heartfelt speech.

그녀는 진심 어린 연설로 감사를 표현했다.

동의어: appreciation, thankfulness, acknowledgment

반의어: ingratitude, thanklessness

tribute 헌사, 경의

예문: The song was a tribute to the artist's late mother.

그 노래는 그 예술가의 돌아가신 어머니를 기리는 헌사였다.

동의어: honor, homage, dedication

반의어: insult, disrespect

celebration 축하, 기념

예문: The celebration lasted late into the night.

축하 행사는 밤늦게까지 계속되었다.

동의어: festivity, commemoration, jubilation

반의어: mourning, observance

dedication 헌신, 전념

예문: Her dedication to her work earned her a promotion.

그녀의 일에 대한 헌신이 승진을 이끌었다.

동의어: commitment, devotion, loyalty

반의어: apathy, indifference

legacy 유산, 유물

예문: His legacy continues to inspire young activists.

그의 유산은 여전히 젊은 활동가들에게 영감을 준다.

동의어: heritage, inheritance, endowment

honor 명예, 존경

예문: He was awarded for his bravery and honor.

그는 용기와 명예를 인정받아 상을 받았다.

동의어: respect, dignity, esteem

반의어: dishonor, shame

unyielding 굽히지 않는, 단호한

예문: She had an unyielding commitment to justice.

그녀는 정의를 향한 굽힐 수 없는 헌신을 가졌다.

동의어: firm, resolute, steadfast

반의어: flexible, yielding, compliant

26

점치는 사마귀praying mantis의 로맨스romance

사마귀praying mantis와 점술divination

사마귀는 영어로 praying mantis라고 한다. praying은 '기 도하는'이라는 뜻이다. 사마귀의 모양새를 생각해 보면 기도한다 는 표현은 썩 잘 어울린다. 앞다리를 모으고 있는 것은 정말 기도 하는 자세처럼 보이기도 하니까!

mantis는 '점을 치다', '미래를 내다보는 사람'이라는 뜻이다. mantis의 어원은 manteia에서 왔다. '점치다', '미래를 내다보다' 라는 뜻이다. 특히 신성한 힘에 의해 미친 사람을 의미하기도 한다.

mantis는 menos-라는 '열정', '영혼'을 의미하는 단어에서 파생되었다. 비범한 능력을 가진 사람은 종종 미친 사람으로 여겨 진다. 많은 천재들이 동시에 광기를 갖고 있었던 것은 아리스토텔 레스의 시대부터 널리 알려진 사실이다. 과거에는 이러한 광기와 열정이 종종 예언자의 특징으로 나타나기도 했다.

그리스 신화에 등장하는 카산드라Cassandra는 미래를 내다볼 수 있었지만, 아폴로 신의 저주로 인해 아무도 그녀의 예언을 믿지 않게 된다. 그녀의 예언은 단지 미친 여자의 헛소리로만 여겨졌고, 그것은 결국 트로이의 목마라는 비극적인 결말로 이어졌다.

mantis, menos의 공통 어원은 men-에 있는데, 이 말은 생각하는 것과 같은 정신적인 활동을 의미한다. 점을 본다는 것은 사실 막대한 에너지가 소모되는 정신 활동이다. 마니아mania는 특정한 대상에 대한 과도한 정신적인 집중과 열정을 가진 사람들이다. 그 정도가 너무 과도해서 대부분 부정적인 의미를 내포할 때가 많다. 절도광은 kleptomania, 색광은 nymphomania, 과대망상증은 megalomania라고 한다.

오토매틱automatic이라는 단어에도 men-이 들어 있다. auto-는 '스스로'라는 뜻이고, matic-은 '생각하다'라는 뜻이다. 기계적인 장치가 자동으로 움직이는 것을 오토매틱이라고 하는데, 사실 어원으로 놓고 보면, 자동차의 자동 기어도 일종의 스스로 생각하는 A.I.적인 특징이 있었던 셈이다.

자동인형은 A.I.와는 좀 다른 장치라고 할 수 있다. 자동인형은 automaton이라고 하는데, 스스로 움직인다는 뜻으로 구성된 말이다. men-은 파생되면서 matos-가 되었는데, '생각하다', '의지를 갖다', '생명을 갖다' 등의 의미로 확장되었다. 인공 지능, 안드로이드, A.I. 로봇을 소재로 한 영화들이 줄줄이 개봉되던 때가 있었다. 〈아이, 로봇I, Robot〉, 〈A.I.〉 그리고 안토니오 반데라스가 주연했던 2014년 작, 〈오토마타Automata〉가 생각난다. 평은 썩 좋지 않았지만, 인공 지능의 특이점singularity에 대한 나름대로 인상적인 스토리가 있었다고 생각한다.

어쨌거나, 사마귀를 의미하는 praying mantis를 군이 한국말로 풀어서 살펴보면, "기도하는 점쟁이" 정도가 될 수 있을 것 같다. 곰곰이 생각해 보면, praying mantis 는 사실 모순된 관계다. 기도와 점은 서로 반대되기 때문이다. 기도는 신을 향해 하는 것이고, 점은 우연적인 사태를 통해 미래를 예측하는 것이라 절대자를 상정하지 않는다. mantis에서 파생된 -mancy는 '점술', '점치는 것'과 같은 의미를 부여하는 접미사로 사용된다.

보통 '점을 치다'는 영어 단어는 augur, 혹은 divination이라고 한다. divination은 divine에서 파생된 말이다. divine은 '신의', '신성한'이라는 의미가 있을 뿐만 아니라 함께 점치는 것과도 관련있다. 아마도 점치는 것의 내용을 신으로부터 내려 받는 것이라는 생각이 있었을 것이다. 당연히 신성한 것과 연관된다. 보통 종교가 있는 사람들은 점집을 터부시하는데, 역사를 거슬러 올라가면 점과 종교가 매우 밀접했다는 것을 알 수 있다.

고대 중국에는 크게 두 가지의 점이 있었다. 흔히 점복占卜이라고 할 때, 점과 복이 그것이다. 점은 주역점에서 사용하는 것처럼 산가지라고 불리는 식물 줄기를 세어 가면서 숫자를 따져 주역의 64괘와 연계해 점괘를 얻는 방법이다.

복은 수령이 오래된 거북이의 배 껍데기를 잘 손질해서 그 한 구석을 불로 달궈 배 껍데기가 갈라지는 모습을 보고 직관적으로 점사를 얻어 내는 방법이다. 이때, 갈라지는 모습을 한자로 兆朕(조짐)이라고 한다. 일상적으로 사용하는 단어, 조짐의 기원은 거북이의 배 껍데기에 있다.

점과 복을 놓고 보면, 점은 인간이 많이 개입된 점술이다. 산가지를 뽑아 나온 수를 통해 특정한 점괘를 얻어 낸 후, 인간이 풀이해 놓은 대로 점의 결과를 추론하기 때문이다. 하지만 열기가 거북이 껍데기를 갈라지게 하면서 만들어 내는 복은 오로지 순수하게 자연의 힘에 의한 무작위의 결과라고 할 수 있다. 불의 열기를 이용해 점을 보는 것이라서 영어로는 pyromancy라고 부르기도 한다. pyro-는 '불'을 의미하는 접두어다. 소리 내서 읽어 보면 fire와 얼추 비슷한 소리가 난다.

점과 복은 종종 서로를 보완해 주는 관계로 사용되기도 했다. 하지만 종종 정반대의 결과를 나타내기도 했다. 전쟁을 할 것인가를 묻는데, 점으로는 괜찮다고 나왔는데, 복으로는 하면 안 된다고 나오는 것처럼 말이다.

고대에는 점보다 복을 더 신뢰했었다고 한다. 복은 더 신성한 것으로 여겨졌다. 당연히 민간의 평범한 사람들은 복을 이용하기가 쉽지 않았다. 수령이 오래된 거북이를 잡는 것부터가 쉬운 일이 아니었고, 그것을 손질해서 준비하는 것 자체가 평범한 사람들에겐 어려운 일이었다. 복은 주로 왕이나 권위가 있는 사람, 귀족들이 사용할 수 있었다.

점술이라고 하면, 대개 미신적이고 비합리적인 것, 그리고 동양 특유의 산물로 생각하는 사람들이 많은데, 고대로 거슬러 올라가면 점술은 동서양을 막론하고 널리 성행했었다. 관상은 물론, 손금을 보는 것 또한 동서양 모두 존재했었다. 손금을 본다는 말은 영어로 palm reading이라고도 표현하지만, chairomancy라고도 한다. chairo-는 '손과 관련된'이라는 의미가 있고, mancy-는 mantis에서 왔다. 손바닥의 모양을 보고 점치는 것을 의미한다. 한국에서는 수상이라고도 한다. chairo-라는 말은 카이로프랙틱chairopractic이라는 단어에도 사용된다. '손'이라는 뜻이 있으니, 몸을 손으로 직접 만져서 치료하는 것을 의미한다.

『파리의 노트르담』에서 어느 집시가 에스메랄다의 손금을 보고 그녀의 운명을 말해 주는 장면이 생각난다. 중세 유럽을 비롯 동서양에서 공통적으로 손금을 인간의 운명과 결부된 것으로 생각한 것은 흥미로운 일이다.

영어로 풍수風水는 feng shui라고 한다. 한자어 풍수를 소리 나는 대로 쓴 것이다. 서양에도 땅을 읽는 지혜는 있었다. geomancy라고 하는데, 이것은 어떤 면에서 동양의 풍수에 대응되는 체계라고 할 수 있다. geomancy는 땅geo-의 모양에서 어떤 점술적인 신호, 사인sign을 발견해 내는 기술이다. 지오맨서geomancer는 그러한 땅의 상서로운 기운을 파악해 내는 사람을 말한다.

윌리엄 깁슨의 소설 『뉴로맨서Neuromancer』는 사이버펑크 장르를 개척한 것으로 평가된다. 이 소설의 제목에도 역시 비슷한 어원이 있다고 말할 수 있으면 정말 좋겠지만, "뉴로맨서"라는 말은 깁슨이 만들어 낸 새로운 단어다. 마치 리들리 스콧 감독이 〈블레이드 러너〉를 만들면서 "레플리컨트Replicant"라는 단어를 만든 것처럼 말이다.

뉴로맨서는 '신경'을 뜻하는 neuro, nerve라는 말에 '소설'을 의미하는 romance를 결합해 만든 신조어다. 소설은 흔히 novel이라고 알려져 있지만, '가공의 이야기', '환상적인 이야기'라는 뜻에서 romance라는 단어도 많이 사용된다.

모든 인간은 로맨스적인 시기를 겪는다. 성인이 의미하는 그런 의미의 로맨스가 아니라, 어린 시절의 로맨스를 말한다. 어린 시절의 경험은 실제와 많은 차이가 있다. 어릴 때 뛰어놀던 골목길은 성인이 되어 찾아가면 정말 좁은 골목길이고, 어릴 때 높아 보이던 나무도 성인이 되어 찾아보면 그렇게 높아 보이지 않는 경우가 많다. 로맨스는 현실을 과장하고 왜곡해서 일종의 판타지를 만들어 낸다.

praying mantis 사마귀, 곤충의 앞다리를 모은 모양이 기도하는 자세와 닮아 praying mantis라고 부름

예문: The praying mantis sat perfectly still, as if in prayer.

사마귀는 마치 기도하는 것처럼 완전히 가만히 앉아 있었다.

동의어: mantis, insect(일반적인 곤충 의미)

mantis 예언자, 사마귀, '점치는 사람'이라는 뜻의 그리스어 manteia에서 유래

예문: The mantis waited patiently for its prey.

사마귀는 먹잇감을 인내심 있게 기다렸다.

동의어: prophet, seer

mania 열광, 광기, 특정 대상에 대한 과도한 정신적 열중 상태, 지나친 집착

예문: His mania for collecting coins grew out of control.

그의 동전 수집에 대한 열광은 통제할 수 없을 정도로 커졌다.

동의어: obsession, craze, fanaticism

반의어: indifference, apathy

megalomania 과대망상증

예문: The dictator's megalomania drove him to commit horrific acts.

그 독재자의 과대망상은 그를 끔찍한 행동으로 몰아넣었다.

동의어: delusion of grandeur, narcissism

반의어: humility, modesty

automatic 자동의, 자동화된

예문: The doors are automatic, opening when they sense movement.

이 문은 자동으로 열리며, 움직임을 감지하면 열린다.

동의어: self-operating, mechanical

반의어: manual, non-automated

divination 예언, 점

예문: Divination was practiced by ancient cultures to foresee events.

고대 문화에서는 미래를 예측하기 위해 점술이 행해졌다.

동의어: fortune telling, prophecy

반의어: science, logic

pyromancy 불을 이용한 점술

예문: The ancient priests used pyromancy to guide their decisions.

고대 사제들은 결정을 내리기 위해 불 점술을 사용했다.

동의어: fire divination, flammable prediction

augur 점치다, 예언하다

예문: The dark clouds augur a coming storm.

먹구름이 폭풍이 다가오고 있음을 예고한다.

동의어: predict, foretell, foresee

chiromancy 손금을 보는 점술, 손바닥의 선을 통해 운명이나 성격을 예측하는 점술

예문: Chiromancy has been practiced in many cultures for centuries.

손금 점술은 여러 문화에서 수 세기 동안 행해져 왔다.

동의어: palmistry, hand reading

feng shui 풍수지리, 땅의 지형에 따라 기운을 판단하고 배치하는 동양 철학적 기술

예문: Feng shui principles were used to design the new office.

풍수 원칙이 새 사무실을 설계하는 데 사용되었다.

동의어: geomancy, spatial energy

geomancy 지형을 통한 점술, 땅의 지형이나 흙의 상태로 미래를 예측하는 점술

예문: Geomancy was used in ancient cultures to select sacred sites.

고대 문화에서는 신성한 장소를 선택하는 데 지형 점술이 사용되었다.

동의어: earth divination, terrestrial augury

반의어: astrology, palmistry(다른 종류의 점술)

neuro 신경과 관련된, 뇌 또는 신경계와 관련된 것을 의미하는 접두어

예문: Neurology studies the brain and nervous system.

신경학은 뇌와 신경계를 연구하는 학문이다.

동의어: brain-related, nervous

반의어: non-neural, non-cerebral

Neuromancer 『뉴로맨서』(신경과 로맨스 결합된 신조어), 윌리엄 깁슨의 소설 제목으로, 사이버펑크 장르에서 신경 및 가상 현실을 의미함

예문: *Neuromancer* is a cornerstone of cyberpunk literature.

『뉴로맨서』는 사이버펑크 문학의 초석이다.

romance 낭만, 로맨스, 사랑이나 낭만적인 감정을 주제로 한 이야기

예문: They enjoyed a brief romance during the summer.

그들은 여름 동안 짧은 로맨스를 즐겼다.

동의어: love story, passion, idealism

반의어: realism, non-fiction

foresight 예지력, 통찰력

예문: His foresight helped the company avoid disaster.

그의 예지력 덕분에 회사는 재난을 피할 수 있었다.

동의어: insight, vision, prudence

반의어: hindsight, shortsightedness

enthusiasm 열정, 열의

예문: She showed great enthusiasm for her new project.

그녀는 새 프로젝트에 대해 큰 열정을 보였다.

동의어: passion, zeal, fervor

반의어: apathy, indifference

27

자유의 여신상 The Statue of Liberty 으로 배달되나요?

자유 liberty 와 리버럴 liberal

본고사가 있던 시절, 영어 시험 중엔 주관식도 있었다. "셰익스피어"의 스펠링을 쓰게 한다거나, "자유의 여신상"을 영어로 쓰라는 문제가 출제되었다는 말도 있었다.

자유의 여신상은 영어로 The Statue of Liberty이다. 한국어로 자유의 여신상이라고 하면, 여신이라는 의미가 두드러지지만, 정작 영어에는 그러한 성별의 구분이 보이지 않는다. 그냥 '조각상', '조상'이라는 뜻의 statue로만 사용한다. 항간에 떠들썩한 PC주의의 관점에서라면, 그냥 "자유의 상"이라고 해야 하지 않을까?

아마도 처음 한국 번역에 여신상이라는 이름을 붙였던 사람은 신화에 해박했었던 것 같다. '자유'라는 뜻으로 사용된 liberty는 로마 신화에 등장하는 자유의 여신 Libertas에서 따왔다. 자유와 민주주의의를 상징하기 위해 차용했다고 한다. 덕분에, 여신상이 세워진 섬의 이름에도 자유가 들어가게 된다. 여신상이 세워진 섬의 이름은 원래 베들로Bedloe였는데, 1937년, 자유의 여신상의 이름에 맞춰서 섬 이름을 리버티 아일랜드Liberty Island로 개명했다고 한다.

프랑스가 미국의 독립 100주년을 기념하기 위해 만들었다는 자유의 여신상은 미국을 대표하는 아이콘이다. 여신상 설계는 어거스트 바르톨디라는 조각가에 의해 이루어졌지만, 강철 프레임은 19세기에 강철을 가장 예술적으로 활용했던 예술가라고 할 수 있는 프랑스의 귀스타브 에펠Gustave Eiffel이 담당했다. 그리고 여기서 강철을 다룬 솜씨는 에펠 탑The Eiffel Tower에서 유감없이 발휘되었다.

리버티liberty에서 파생된 리버럴liberal이라는 말은 보통, 관대하거나, 여유롭거나, 어떤 원칙에 엄격하게 얽매이지 않는 것을 의미한다. 사람들은 종종 자신이 자유로운 영혼이라고 말하는데, 리버럴한 것과 통하는 면이 있다.

자유롭기 때문에 구질서를 지키려는 보수적인 세력과 대립한다. 그래서 정치적으로 리버럴liberal하다는 말은 진보적인 것을 의미하기도 한다. 보통 젊은 층은 리버럴하고 나이가 있으면 보수로 가는 경향이 큰 것 같다. 생각해 보면 별로 이상하지 않다. 젊어서는 별로 이룬 것도, 가진 것도 없으니, 사회가 변해야 한다 생각하고, 나이가 들면 자기가 이룬 것을 지키려고 하니 개혁과 변화를 꺼리는 보수에 가까워진다.

하지만, 돈과 권력 앞에서는 진보건 보수건 별 의미 없다. 영어에는 리무진 리버럴limousine liberal, 혹은 라테 리버럴latte liberal이라는 표현이 있다. 진보적인 세력의 세속적 위선을 냉소하는 말이다. 동서고금을 막론하고 말이 지나치게 반듯하면 대개 위선의 그늘을 벗어나지 못한다.

리버럴 아트라는 말은 종종 인문학이라는 단어와 호환되어 사용된다. 인문, 사회, 자연 과학 및 예술과 같은 분야가 포함된다. '자유'를 의미하는 라틴어 liberalis에서 파생된 만큼, 리버럴 아트는 자유롭고 지적인 시민을 위한 교육의 핵심으로 여겨진다. 자유로운 사람의 덕목인 만큼, 리버럴하다는 것은 누군가에게 예속servile되거나 기계적mechanical이지 않은 것을 의미한다.

리버럴 아트 과목 중에서 문법, 논리, 수사학 이렇게 셋은 따로 trivium이라고 불렀다. 라틴어로 trivium은 세 개tri-의 길via-이 만난다는, 일종의 교차로를 의미한다. 길이 만나는 곳이라 이것은 '공개된 장소', '공통의 장소common place'라는 의미로도 자연스럽게 파생되었다. 여기서 파생된 trivia는 중요하지 않은 것, 그래서 '하찮은 것', '시시한 것'이라는 의미를 갖게 되었다. '공통'이라는 의미의 common은 '평범한', '일상적인'이라는 의미가 있다. 여기에서 별로 중요하지 않다는 의미로까지 확장되었다. 중요하지 않은 하찮은 것이라는 의미로 사용되는 단어에는 trifle이라는 말도 있다.

의외로 liberty라는 말은 '배달'이라는 단어, delivery와도 관계가 있다. 배달이 워낙 보편화되다 보니, 딜리버리라는 말은 아예 한국어처럼 사용되는 것 같다. delivery의 동사형은 deliver인데, '분리'를 의미하는 de-와 '자유롭게 하다', '구속에서 벗어나게 하다'는 의미의 liberare가 결합된 말이다. liber-에서 스펠링이 liver-로 변했다.

그래서 '배달하다'라는 뜻의 deliver에는 구해 주다, 자유롭게 하다, 구속에서 벗어나게 한다는 의미가 있다. 더 나아가 '아이를 낳다'라는 뜻도 있는데, 아이를 낳는 것은 아이를 세상으로 데려오는 것과 의미가 통한다(아이를 낳는 것은 아이를 이 세상으로 배달하는 것?).

deliver에는 두 개의 명사형이 있다. deliverance라고 하면, '구원', '해방', '자유'를 의미한다. delivery라고 하면 '배달', '전송', 그리고 '출산'을 의미한다. 서로 별개의 뜻일까? 아이를 낳는 것은 어떤 의미에서 아이가 어머니의 몸 밖으로 나오는 것이다. 물론, 태아 상태로 있을 때, 어머니의 배 속도 완벽한 세상이었겠지만, 어머니의 몸 밖으로 나오는 것은 제한된 공간에서 벗어나는 것을 의미한다. 이런 맥락에서 출생은 곧 해방이나 자유와 연결될 수 있다.

liberty가 '자유'를 의미하는 명사라면, 동사의 형태는 liberate다. 자유는 항상 무엇인가로부터의 자유일 때가 많다. 그래서 liberate에는 어딘가로부터 해방시킨다는 의미가 있다. 한국의 광복절은 Liberation Day라고 한다.

liberty 자유

> **예문:** Liberty is a fundamental human right.
> 자유는 기본적인 인권이다.
> **동의어:** freedom, independence, autonomy
> **반의어:** confinement, oppression, restriction

statue 조각상, 동상, 인간, 동물 등을 본떠서 만든 조각 형태

> **예문:** The Statue of Liberty is an iconic symbol of freedom.
> 자유의 여신상은 자유의 상징적인 조각상이다.
> **동의어:** sculpture, monument, figure

liberal 관대한, 진보적, 열린 사고와 관용을 지향하는 성향, 정치적 견해에서
의 진보적 성향

> **예문:** He holds liberal views on social issues.
> 그는 사회 문제에 대해 진보적인 견해를 가지고 있다.
> **동의어:** progressive, tolerant, open-minded
> **반의어:** conservative, narrow-minded, intolerant

limousine liberal, latte liberal 위선적인 진보주의자

예문: Critics often label wealthy activists as limousine liberals.

비평가들은 종종 부유한 활동가들을 위선적인 진보주의자로 부른다.

동의어: hypocritical progressive, champagne socialist

반의어: genuine activist, principled liberal

liberal arts 인문학, 자유 학문, 문법, 논리, 수사학 등 기초 교양 과목을 포함하는 학문 분야

예문: Liberal arts education helps cultivate critical thinking.

인문학 교육은 비판적 사고를 기르는 데 도움이 된다.

동의어: humanities, general education, liberal studies

반의어: technical studies, vocational education

trivia 하찮은 것, 사소한 것

예문: They spent the evening discussing trivia from their daily lives.

그들은 저녁 시간을 보내며 일상 속 사소한 이야기들을 나눴다.

동의어: minor details, trivialities, trifles

반의어: essentials, fundamentals, key points

deliver 배달하다, 구해 주다

예문: The company delivers packages nationwide.

그 회사는 전국적으로 소포를 배달한다.

동의어: transport, carry, save, rescue

반의어: retain, hold, imprison

deliverance 구출, 해방

예문: They prayed for deliverance from their suffering.

그들은 고통에서 벗어나기를 기도했다.

동의어: rescue, liberation, salvation

반의어: capture, imprisonment, bondage

delivery 배달, 전송, 출산

예문: The delivery of packages was delayed due to the storm.

폭풍으로 인해 소포 배달이 지연되었다.

동의어: distribution, conveyance, childbirth

반의어: retention, non-delivery

liberate 해방시키다

예문: The soldiers liberated the town from enemy control.

군인들은 적의 지배에서 마을을 해방시켰다.

동의어: free, release, emancipate

반의어: imprison, confine, enslave

Libertas 자유의 여신(로마 신화), 로마 신화에서 자유를 상징하는 여신

예문: The Statue of Liberty was inspired by Libertas, the Roman goddess of freedom.

자유의 여신상은 로마 신화 속 자유의 여신 리베르타스에서 영감을 받았다.

liberalism 자유주의

예문: Liberalism advocates for individual rights and freedoms.
자유주의는 개인의 권리와 자유를 옹호한다.

동의어: freedom of thought, autonomy, free market

반의어: authoritarianism, conservatism

servile 굴종적인

예문: He was tired of his servile position and longed for freedom.
그는 자신의 굴종적인 위치에 지쳐 자유를 갈망했다.

동의어: subservient, slavish, submissive

반의어: independent, free, dominant

Eiffel Tower 에펠 탑, 프랑스 파리에 위치한 철제 타워, 귀스타브 에펠이 설계

예문: The Eiffel Tower is one of the most famous landmarks in the world.
에펠 탑은 세계에서 가장 유명한 랜드마크 중 하나이다.

동의어: Paris landmark, iron tower

PC(Political Correctness) 정치적 올바름, 특정 사회적 관점에서 적절하고 공정한 표현을 사용하는 태도

예문: Politically correct language aims to avoid offending anyone.
정치적으로 올바른 언어 사용은 누구에게도 불쾌감을 주지 않도록 하는 것을 목표로 한다.

동의어: inclusive language, unbiased language

반의어: politically incorrect, insensitive language

28

러브 포션 넘버 9 Love Potion Number 9 : 고민은 마담 루에게 가져갈 것

약 potion 과 독 poison

언제적 영화였던가. 이정재와 정우성 주연 〈태양은 없다〉. 주제가도 유명했다. 〈러브 포션 넘버 9 Love Potion Number 9〉. 노래는 이미 1960년대에 왕성한 인기를 구가했지만, 90년대 말 한국 영화의 ost로 쓰였다.

노래 제목에 쓰인 potion은 '물약'이라는 뜻이다. 〈포션빨로 연명합니다!〉라는 애니메이션의 제목을 보면서, 포션이라는 말이 점점 일상적으로 쓰이는 말이 되어 가는 걸 알았다.

'물약'이라는 의미의 potion의 앞부분, po(i)-에는 '마시다'라는 뜻이 있다. 마시는, 그리고 물과 액체는 서로에게 의미상 아주 가까운 말이다. 독약도 대부분 마시는 것이다. 사극에서는 사약을 마시고, 소크라테스도 독배를 마셨고, 줄리엣도 가짜 독약을 마셨다. 그래서 독은 poi-

son이다. 스펠링 하나가 독과 약을 구분한 셈이다. 독과 약은 생각만큼 따로 존재하지 않는다. 흔히 독약이라고 할 때, 단어는 이미 독과 약의 결합으로 이루어져 있다. 독과 약을 구분하는 것은 무얼까?

그것은 양이다. 독과 약이 따로 존재하는 것이 아니라, 지나치게 많으면 독이 되고, 적절하면 그것은 약이 된다. poison에만 해당하는 말은 아니다. 돈도, 권력도, 사랑도 모두 지나치면 독이 된다. 퀸의 노래 〈Too Much Love Will Kill You〉가 생각난다.

'독'을 의미하는 또 다른 단어에는 venom이 있다. 독사나 전갈, 거미같이 동물이나 곤충이 뿜어내는 독을 의미한다. 라틴어 venenum에는 본래 '치료 약'이라는 의미가 있었다. 그리고 '매력', '유혹'이라는 뜻까지 있는데, 아마 love potion이라는 의미와 관계가 있는 것으로 추정된다. venom의 ven-은 wen-이라는 어원에서 파생되었는데, wen-은 '원하다', '욕망하다'는 뜻이 있다. 욕망과 관계되면서 이와 관련된 일련의 단어에서도 발견된다. 사랑의 여신 Venus, 그리고 여기서 파생된 venereal이라는 말에는 모두 욕망_{wen-}이 포함되어 있다. venereal은 성적인 행위와 관련된 뜻을 갖고 있다.

플라톤의 저작으로 알려져 있는 『향연』의 영어 제목은 심포지엄_{Symposium}이다. 흔히 기업이나 학술 단체에서 주관하는 바로 그 심포지엄이다. 대개는 학술적인 목적으로 이루어지지만 어원을 살펴보면 공부와는 좀 거리가 있는 것 같다.

symposium은 함께_{sym-} 마시는_{posium} 곳이라는 의미가 있기

때문이다. 물론 단어의 용례를 보면 마시기 위해 함께 모여서 대화도 하고 지적인 교육도 이루어진다는 의미가 있다. 마시면서 이야기하는 것이 즐거운 것은 수천 년이 지나도 변하지 않는다.

po(i)-가 '마시다'라는 뜻이기 때문에, '가능'을 의미하는 –able을 붙이면 potable이 된다. 마실 수 있다는 뜻이다. 그런데 비슷하지만 전혀 다른 단어가 있다. portable이다. portable은 가지고 다닐 수 있는, 이동할 수 있다는 뜻이다. port는 명사로 쓰이면 '항구'라는 뜻이다. 항구는 예로부터 물건의 교역이 이루어지는 곳이었으니, 물건을 옮긴다는 뜻이 매우 중요했을 것이다. 그래서 '항구'를 뜻하는 port의 어원으로 사용된 per-에는 '이끌다', '옮기다'라는 뜻이 있다.

porter라고 하면 '짐꾼'이고, 그 이름은 물건을 적재하는 트럭의 이름으로도 애용되고 있다. 앞에 '가로지르다'라는 뜻의 접두사 trans-를 붙이면 transport가 된다. 한 장소에서 다른 장소로 옮긴다는 뜻이다. 그래서 transportation은 '교통', '운송', '이동 수단'을 의미한다.

'마시다'라는 뜻의 po(i)는 종종 bi-의 형태로 나타난다. 그래서 등장한 것이 바로 beer, 맥주다. 단어가 변하는 과정은 좀 복잡하지만, '마시다'라는 뜻의 라틴어 biber의 형태를 거쳐서 beer가 되었다고 한다. 식당 메뉴판에 쓰여 있는 베버리지beverage는 '마실 것'을 의미한다. 역시 beer와 같은 어원을 공유한다.

po(i)-가 bi-가 되면서 '마시다'라는 뜻으로 사용되는데, imbibe는 대표적인 단어라고 할 수 있다. imbibe는 '흡수하다', '들이마시다', '마시다'라는 뜻이 있다. imbibe는 실제 액체를 마시기도 하지만, 종종 지식이나 지혜, 교육과 같이 정신적인 것을 흡수하는 의미로 사용된다.

마시는 것과 관계가 깊은 팟pot은 어떨까? 캠핑이 대중화되면서 냄비나 물 끓이는 주전자를 그냥 팟이라고 부르기도 한다. 마시는 것과 관계가 깊은 도구이니 당연히 이름에도 '마시다'라는 po(i)가 보인다. '마시는 컵'이라는 뜻의 라틴어 potus에서 왔다.

고대 문명의 이름이기도 한, 메소포타미아Mesopotamia는 어떨까? 이름에 보이는 pota-에도 '마시다'라는 뜻이 있을까? 그랬으면 정말 흥미로웠을 것이다. 포타미아는 '강'을 의미하는 potamo에서 왔다. 사실 '마시다'라는 의미는 '강'이라는 의미의 영역에서 그리 멀지 않다. 메소포타미아는 강potamia 사이meso-에 있다라는 뜻이다. 그 두 개의 강은 티그리스강과 유프라테스강이다.

'강'을 의미하는 potamo는 '하마'를 의미하는 영어 단어 hippopotamus에 나타난다. 하마는 한자로 河馬라고 한다. 한자의 뜻대로 물[河] 속의 말[馬]이라는 뜻이다. 영어 단어의 의미를 그대로 한자로 바꾸기만 했다. hippo는 '말'을 의미하고, potamus는 '강'을 의미하는 potamo에서 왔기 때문이다. 얼핏 보면 거대한 닥스훈트처럼 생겼는데, 하마는 보기보다 꽤 빠르다. 시속 30킬로미터 정도로 달릴 수 있다고 한다.

potion 물약, 마법의 약

예문: The wizard handed the adventurer a healing potion.

마법사는 모험가에게 치유 물약을 건넸다.

동의어: elixir, mixture, brew

poison 독, 독약

예문: He accidentally ingested poison, mistaking it for medicine.

그는 약으로 착각하고 실수로 독을 섭취했다.

동의어: toxin, venom, contaminant

반의어: antidote, cure

venom 독, 독액

예문: The snake injected venom through its fangs.

뱀은 송곳니를 통해 독을 주입했다.

동의어: toxin, poison, secretion

반의어: antidote, antivenom

Venus 비너스(사랑과 미의 여신)

예문: Venus is often associated with beauty and love.

비너스는 종종 아름다움과 사랑과 관련이 있다.

동의어: goddess of love, Aphrodite

반의어: Mars(전쟁의 신)

symposium 심포지엄, 학술 모임

예문: They attended a symposium on climate change.

그들은 기후 변화에 관한 심포지엄에 참석했다.

동의어: conference, seminar, discussion

potable 마실 수 있는

예문: The village lacks potable water sources.

그 마을에는 마실 수 있는 물이 부족하다.

동의어: drinkable, consumable

반의어: undrinkable, non-potable

portable 휴대 가능한, 이동 가능한

예문: This portable speaker can be taken anywhere.

이 휴대용 스피커는 어디든지 가지고 다닐 수 있다.

동의어: movable, transportable

반의어: stationary, fixed

port 항구

예문: They arrived at the bustling port city.

그들은 활기찬 항구 도시에 도착했다.

동의어: harbor, dock, pier

transport 운송, 이동

예문: Goods were transported by ship.

화물은 배로 운송되었다.

동의어: convey, transfer, carry

beer 맥주

예문: He ordered a cold beer.

그는 차가운 맥주를 주문했다.

동의어: ale, lager, brew

imbibe 마시다, 흡수하다

예문: She imbibed the local culture eagerly.

그녀는 현지 문화를 열정적으로 받아들였다.

동의어: drink, absorb, ingest

반의어: reject, abstain

pot 냄비, 주전자

예문: She boiled water in a pot.

그녀는 냄비에 물을 끓였다.

동의어: kettle, saucepan

Mesopotamia 메소포타미아(강 사이의 땅)

예문: Mesopotamia is known as the cradle of civilization.

메소포타미아는 문명의 요람으로 알려져 있다.

동의어: the Fertile Crescent, ancient Mesopotamia

hippopotamus 하마

예문: Hippopotamuses spend much of their time in water.

하마는 대부분의 시간을 물속에서 보낸다.

동의어: hippo

29

우울증melancholy과
검은 태양black Sun의 멜라닌melanin

멜랑콜리melancholy와 4체액설humorism

    현대 사회에서 우울증은 일상적인 것이 되어 간다. 우울증이란 말은 예전엔 이렇게까지 흔하지 않았다. 현대 문명의 과도한 도시화가 만들어 내는 질병이기 때문일까. 우울증은 멜랑콜리melancholy라고 하는데, 멜랑콜리라는 단어는 문화사적 의미가 있다. 병리적 증상으로 우울증은 디프레션depression이 더 적합하다.

    멜랑콜리의 기원은 거의 서구 문명의 처음으로 거슬러 올라간다. 과거엔 사람의 특성을 나타내는 멜랑콜리가 정신적 특성을 표시하는 말로 사용되었다. 플라톤이 광기는 천재나 영웅의 징표라고 말한 이후로, 광기는 천재성에 자주 따라다니는 꼬리표처럼 되어 버렸다.

    "광기"가 자신을 묘사하는 단어가 되어 버린 것을 억울하게 생각할 정상적인 천재들도 많겠지만, 역사는 언제나 그렇듯이 극적인 것을 좋아하기 때문에, 역사적으로 기록된 많은 천재들은 광기와 연관지어 나타나는 경우가 많았다. 플라톤의 영향을 받아서였는지, 아리스토텔레스는 천재와 광기의 깊은 관련성에 대해 직접적으로 설명했는데, 이 언급은 이후 멜랑콜리 연구에 빠지지 않고 등장하는 고전적인 문구가 되었다.

철학, 정치학, 시학 등에서 명성을 떨쳤던 모든 사람들은 모두 멜랑콜리했던 이유는 무엇인가?

오래전부터 멜랑콜리는 "영웅들의 질병"으로 여겨졌다. 병으로서의 기원을 가지고 있는 만큼, 멜랑콜리는 그 문화적 기원과 병리학적 기원이 매우 밀접하게 얽혀 있다. 서구 역사에서 두각을 드러낸 많은 사람들은 멜랑콜리의 범주에서 자유롭지 못하다.

그리스 시대의 철학자들, 엠페도클레스, 소크라테스, 플라톤, 헤라클레이토스, 데모크리토스는 물론, 버튼보다 늦게 태어나서 언급하지 못했던 혹은 여하한 이유로 열거하지 못했던 버튼 이후의 세대에 속하는 밀턴과 젊은 나이에 요절했던 바이런, 셸리, 키츠와 같은 낭만주의 시인들을 비롯하여 19세기의 귀스타브 플로베르, 너새니얼 호손, 허먼 멜빌뿐만 아니라, 버지니아 울프, 프란츠 카프카, 알베르 카뮈, 장 폴 샤르트르, 윌리엄 포크너, 사뮈엘 베케트, 제임스 조이스와 어니스트 헤밍웨이에 이르기까지 일일이 거명할 수 없을 정도로 많은 작가와 철학자, 예술가들은 자신의 영혼 깊은 곳에 멜랑콜리의 진원지를 가지고 있었다. 서구의 문화사 전반이 멜랑콜리라는 키워드로 설명이 가능할 것도 같은 이유다.

우울의 색깔이 어두운 검은색인 것은 이미 단어 자체에 검정색이라는 의미가 담겨 있기 때문이다. 멜란melan-이라는 말은 '검다'는 의미를, 콜리-choly는 '인간의 몸속에 있는 담즙, 액체' 등을 의미한다. 멜라닌melanin이라는 말은 '검다'는 의미로 여러 단어에서 사용된다. 동양 사람들의 눈동자나 머리카락이 검은 것은 멜라닌 색소 때문이다. 서태평양에 있는 한 섬의 이름이기도 한 멜라네시아Melanesia는 '피부가 검은 사람들이 살고 있는 섬'이라는 뜻이다. 여성의 이름으로 사용되는 멜라니Melanie도 관계가 있다.

사람의 신체에서 분비되는 멜라토닌melatonin은 햇빛에 노출되어야 생성되고 밤에 분비가 된다. 저녁부터 10시 사이에 많이 만들어진다고 한다. 멜라토닌은 생체 활동 주기와 깊은 관계가 있다. 멜라토닌은 졸음을 유발하고 수면을 하는 데 매우 중요한 역할을 한다고 한다. 잠과 관계가 깊다 보니, 신체 활동력을 떨어뜨리고, 심리적으로도 약간 위축되게 하는 효과가 있다.

시간대별로 사람의 감정 기복이 달라지는 것은 이러한 생리적인 호르몬의 생성과 분비와 관계가 있다. 나이가 들수록 멜라토닌이 감소한다고 하니, 늙으면 잠이 적어진다는 말이 이해가 간다. 멜라토닌의 기능은 고스란히 멜랑콜리적 증상과 직결된다.

인간의 몸속에 있는 담즙 등에 의해서 병이 생긴다고 믿었던 시대, 콜레라cholera라는 이름이 생겼다. 콜레라는 말 그대로, '담즙', 액체를 의미한다. 병을 일으키는 원인으로 여겨지는 물질이 곧장 병의 이름이 되었다. 담즙의 색깔은 초록에서 노란색으로 변한다. 색깔이 변하면서 살짝 빛나기도 한다. 영어 이름의 클로이 Chloe는 '초록의 어린 나뭇가지'를 의미한다.

Chloe의 앞 단어 소리는 gl-에서 유래하는데, 이것은 '빛나다' 라는 뜻이다. 그래서, 빛나는 것을 표현하는 많은 단어와도 어원적으로는 관계를 맺는다. 유리glass나 '반짝이다'라는 뜻의 glitter, 빛은 보는 것과 관계가 있어서 '얼핏 보다'라는 뜻의 glimpse에 이르기까지 gl-은 많은 단어에 포진해 있다. 누군가를 만나서 반가워하는 glad는 물론, 노랗게 빛나는 황금gold까지 관계가 있다.

멜랑콜리melancholy는 서양의 중세 시대 인간에게 존재한다는 4가지 체액 중 하나였다. melancholy는 검은 체액이다. 이것이 인간의 몸속 어딘가에 흐르고 있다고 옛날 사람들은 믿었다. 현대에 이르러서 그러한 생물학적 주장은 사라졌지만, 그 체액으로 인해 생겨났다고 믿었던 정신적, 심리적 증상들은 그대로 전해졌다.

동서를 막론하고 우주론의 근본에는 4라는 숫자가 있었다. 숫자 4의 가장 광범위하고 보편적인 경험은 아마도 계절에 해당될 것이다. 물론, 한국을 비롯 중국과 일본에는 24절기가 존재하지만, 4계절이 훨씬 더 보편적인 구분이다. 4가지 계절 각각의 특성은 물론, 그것이 4가지 형태로 변화한다는 일종의 인식론적 프레임은 인류의 문명과 문화가 발달하는 데 적지 않은 영향을 주었을 것이다.

우연인지, 정말 어떤 자연 과학적인 원리가 있는 것인지, 인간의 혈액형도 크게 4가지로 구분된다. DNA는 네 가지 A, G, C, T 요소로 구성되어 있다. 한의학에서도 사람의 체질을 4가지로 구분한다. 명리학에서 살피는 사주팔자도 년, 월, 일, 시라는 4개의 변수로 구성되어 사람들이 타고난 운명을 추리하는 근간을 이룬다. 고대 그리스의 피타고라스는 4라는 숫자를 매우 신성하게 여겼으며, 그것을 영원한 자연의 원천이자 뿌리라고 믿었다.

수비학적으로 4는 완벽한 숫자로서 숭배되었고, 이것은 우주의 근본적인 원소에 대한 철학으로 옮겨 갔다. 우주를 구성하는 본질적 원소에 대한 생각은 만물의 네 가지 뿌리라는 생각으로 확장되었고, 이것은 다시 태양, 지구, 하늘과 바다의 실체로 나타난다. 우주를 포괄하는 거시적인 범주는 인간을 포괄하는 미시적인 범주로도 축소되었고, 이러한 4요소에 대한 미시적인 관점은 인간의 기질을 설명하는 데 그대로 차용되었다. 그래서 인간의 본질을 구성하는 원소에 대한 고대 서양의 이론을 4체액설humorism이라고 부른다. 히포크라테스에서 시작하여 아리스토텔레스, 갈레노스 그리고 아랍의 학자들은 모두 이 주장을 받아들였고, 이것은 어떤 형태로든 거의 18세기까지 이어졌다.

서양에만 국한된 것은 아니었다. 인도와 중국의 고대 의학 체계 역시 이러한 4체액설이 한창 번성하던 때에 이론의 비유 체계를 받아들였다고 한다. 인도의 경우 기원전 1-2세기에 존재했던 아유르베다Ayurveda(장수에 관한 지식) 철학은 독자적인 5원소 이론(흙, 물, 불, 공기, 그리고 에테르)과 3체액설(바람, 즙bile, 담phlegm)이 있었다.

고대 중국의 의학 역시 그리스와 아라비아에서 중요시했던 것과 같은 몸속 요소들 간의 "균형"을 매우 강조하고 있는데, 이 것은 아라비아 학자들에 의해 그리스와 중국의 문화가 상호 문화 적인 영향을 주고받았던 것의 결과라고 추정된다.

서양의 4체액설은 "기"의 균형적인 흐름을 중시하는 동양 의 학과도 무관하지 않다. 이것에 따르면 인간의 기질은 몸속에 흐르 는 4가지 체액, 즉, 피, 황담즙, 흑담즙 그리고 플렘이 어떤 비중으 로 구성되었느냐에 따라 4가지 범주로 구분된다. 이것은 기독교 적 우주론과도 관계가 있다. 19세기까지만 해도 기독교적 우주론 은 4체액 중 황담즙이 많으면 사자, 멜랑콜리가 많으면 황소나 나 귀, 플렘이 많으면 돼지가 된다고 주장했었다.

플렘은 가래와 같은 점액질의 체액이다. 고대 사람들이 특별 한 관찰 도구나 과학의 도움 없이 생각해 냈던 이러한 4가지 요 소들은 현대 의학에서 호르몬, 효모, 신경 전달 물질, 분자와 같은 수백여 가지 종류의 더욱 세분화된 요소들로 분화되었다.

최근에는 고대 신화의 상징적 의미, 특히 신화 속 인물들인 아폴로Apollo, 디오니소스Dionysus, 에피메테우스Epimetheus 그리고 프로메테우스Prometheus의 상징적 의미를 이용하여 사람의 유형을 파악하는 심리 테스트 방식이 유행하기도 했다.

널리 알려져 있다시피, 태양과 이성의 신 아폴로는 이성적이 고 합리적이며, 술의 신 바쿠스의 그리스식 이름인 디오니소스는 감정적이고 충동적이다. 에피메테우스는 인식론이라는 단어 에피 스테몰로지epistemology에 흔적을 남기고 있는 것처럼 어떤 것을 경 험하고 나서야 이해할 수 있는 신이었다.

프로메테우스는 경험하기 이전에 뭔가를 미리 이해하고 알수 있다는 '선지자', '예언자'로서의 의미가 있다. 프로pro-라는 말은 '앞'이라는 라는 뜻의 접두사로 쓰인다. 앞을 미리 알 수 있다는 뜻이다. 선지적이고, 예언자적이며, 선험적으로 무엇을 알 수 있는 능력을 가지고 있었고, 인류에게 불을 가져다주었다는 신화에서 볼 수 있듯이 문명과 지혜와 지식을 관장하는 인물이기도했다.

『검은 태양』은 불가리아 출신의 작가이자 철학가인 줄리아 크리스테바가 쓴 책의 제목이다. 이 책을 통해 인간의 심리에서 우울과 우울증이 차지하는 현상을 분석하기도 했다. 책의 제목으로 사용된 "검은 태양"은 프랑스 시인 네르발의 시구절에서 따왔다. 한낮이라는 시간이 종종 우울증과 직결되는 현상을 염두에 둔 제목일 것이다. 앤드루 솔로몬은 이를 바탕으로 『한낮의 우울』이라는 책을 쓰기도 했다.

가장 환한 시간이 가장 어두운 심리와 연결되는 것은 흰색 blan-과 검은색black의 어원이 같은 뿌리에서 기원하는 것과도 비슷하다. 재미있는 현상이다.

melancholy 우울, 멜랑콜리

예문: The artist's works often reflected his own sense of melancholy.

그 예술가의 작품은 종종 그의 내면적인 우울감을 반영했다.

동의어: sadness, gloom, sorrow

반의어: joy, happiness, elation

depression 우울증, 침체

예문: She has been battling depression for years.

그녀는 여러 해 동안 우울증과 싸워왔다.

동의어: despondency, despair, hopelessness

반의어: cheerfulness, enthusiasm, optimism

melanin 멜라닌, 색소

예문: Melanin production increases with exposure to sunlight.

햇빛에 노출되면 멜라닌 생성이 증가한다.

동의어: pigment

melatonin 멜라토닌

예문: Taking melatonin can help regulate sleep patterns.

멜라토닌을 섭취하면 수면 패턴을 조절하는 데 도움이 된다.

동의어: sleep hormone, circadian hormone

black 검은색, 어둠

예문: He wore black to mourn his friend's passing.

그는 친구의 죽음을 애도하기 위해 검은색 옷을 입었다.

동의어: dark, sable, inky

반의어: white, light, bright

four humors 4체액

예문: The four humors were believed to influence one's personality and health.

4체액은 사람의 성격과 건강에 영향을 미친다고 믿어졌다.

Prometheus 프로메테우스(신화 속 인물)

예문: Prometheus defied the gods to bring fire to humankind.

프로메테우스는 인간에게 불을 가져다주기 위해 신들에게 도전했다.

gloom 어둠, 우울

예문: The fog cast a gloomy shadow over the town.

안개가 마을 위에 어두운 그림자를 드리웠다.

동의어: darkness, melancholy, despondency

반의어: brightness, joy, clarity

choler 담즙, 화를 잘 내는 성질

    예문: His choleric nature made it difficult for him to get along with others.

    그의 화를 잘 내는 성격 때문에 그는 다른 사람들과 잘 어울리기 어려웠다.

    동의어: anger, ire, rage

    반의어: calmness, patience, peace

blank/blanco(blan-) 흰색, 무색

    예문: Her face turned blank with shock.

    충격을 받은 그녀의 얼굴이 창백해졌다.

    동의어: white, pale

    반의어: black, dark

glad 기쁜, 만족스러운

    예문: I'm glad you came to the party.

    네가 파티에 와서 기뻐.

    동의어: happy, joyful, pleased

    반의어: sad, unhappy, disappointed

30

아바타avatar와 타르

아바타avatar와 넥타nectar

아바타avatar라는 단어는 제임스 카메론 감독이 자신의 영화 제목으로 사용하면서 더욱 대중적으로 알려졌다. 아바타는 분신이나 화신이라는 뜻으로 많이 알려져 있다. 국어사전에는 온라인에서 개인을 대신하는 캐릭터라고 설명되어 있다. 영어사전에는 개인의 태도나 가치관을 의인화한 것으로 풀이되어 있다.

본래 아바타라는 말은 산스크리트어다. 힌두 신화에서 신이 인간 세상으로 내려와 육화된 것을 의미한다. 보통 a-로 시작되는 접두어 중에 '분리'를 의미하는 경우가 종종 있는데, 아바타의 경우에도 ava-는 '분리'와 '하강'을 의미하는 접두어 역할을 한다.

신들의 세계는 천상이고 인간의 세계는 지상이다. 이것은 동서양 신화의 공통적인 구성 요소이기도 하다. 주기도문에도 반영되어 있는 헤르메스 트리스메기스투스의 유명한 문구에서부터 하늘과 땅은 나누어져 있다. 가장 중요한 핵심은 "하늘에서와 같이 땅에서도"라는 표현이다.

　동양에서 하늘과 땅의 구분은 『주역』의 「계사전」 이래로 늘 상관적인, 대대적인 철학의 바탕이 되어 왔다. 하늘의 형과 지상의 상이 합쳐져 형상이 되고, 하늘의 기와 지상의 질이 합쳐져 기질이 된다. 인간이 입으로 먹는 것은 모두 땅에서 나는 것이고, 코로 마시는 것은 하늘의 기운이다. 하늘에는 무늬가 있기 때문에 형이고, 땅은 물리적 실체가 있어서 질이 된다. 한자를 이용하는 한국의 기본적 어휘에는 하늘과 땅, 초월적인 세계와 유한한 세계에 대한 근원적 사유가 이미 들어 있는 셈이다.

　아바타는 신화에서 신들의 추상적인 세계와 인간의 물질적인 세계의 이원적인 세계를 이어 주는 역할을 했다. 어원상으로는 형체가 없는 추상적인 신이 인간의 세계에 내려오기 위해 물질적인 형상을 갖추게 되는 것으로 이해할 수 있다.

　현대적인 의미에서 살펴본다면, 게임을 하기 위해 사용자가 게임 속 캐릭터를 선택하는 것과 비슷하다. 인간의 육체로는 게임 속에서 활동할 수 없으니, 디지털 캐릭터를 선택해서 게임 속으로 들어가는 것이다. 유비적으로 너무나 잘 들어맞는다. 당연히 이름도 똑같이 아바타로 부른다.

　어원적 의미를 살펴보면, 아바ava-는 '하강'과 '분리'를 의미한다. 그리고 타르tar-는 '건너가다cross over', '가로질러 가다', 그리고 좀 더 추상화되어 '넘어가다', '극복하다overcoming'라는 의미까지 있다. 무엇을 건너고 무엇을 극복하는가? 신과 인간의 세계를 가로지르는 경계를 건너는 것이다. 그리고 그 경계를 건너는 것은

326

쉬운 일은 아니었나 보다. 극복이라는 말은 어려운 과제를 이루었을 때 사용하지 않는가? 신의 세계로부터 인간의 세계로 넘어오기 위해 지상으로 하강하는 것이 아바타라는 단어의 가장 중요한 핵심인 셈이다.

'가로질러 가다'라는 뜻의 tar-는 어원상 trans-와도 관계가 있다. trans- 역시 '가로지르다'라는 의미로 사용되는 잘 알려진 접두어다. 성gender을 바꾸는 것은 성을 가로지르는 것이므로 transgender라고 한다. '장소를 옮기다'라는 뜻의 transportation, '옮겨 심다'는 transplant, 한 언어에서 다른 언어로 옮기는 translate, 그리고 조상들의 문화를 후손에게 옮겨 주는 tradition까지 모두 관계가 있는 말이다.

tar-가 '극복하다', '넘어서다'라는 뜻으로 활용된 단어는 넥타nectar가 있다. 어릴 때 마시던 음료수 중에 복숭아 넥타, 오렌지 넥타 등의 이름이 있었다. 그땐, 넥타가 음료수를 의미하는 말이라고 생각했었다. 완전히 틀린 것은 아니었다. 다만 그건 신들의 음료수였을 뿐이었다.

영어 단어로 사용되는 넥타nectar는 꽃에서 곤충이 채집하는 화밀을 의미한다. 꽃에서 채취하는 달콤한 액체라는 말이다. 하지만, 넥타는 일종의 고유 명사이기도 하다. 넥타는 그리스 신화에서 신들이 암브로시아를 먹을 때 함께 먹는 음료를 의미한다. 암브로시아나 넥타는 신들이 늘상 먹는 음식과 음료지만, 인간이 먹게 되면 상처가 낫고 영생을 살수 있게 해 주는 것으로 알려져 있다.

마치 『서유기』에서 오공이 천상의 복숭아 밭, 반도원을 지키면서 마구 따 먹었던 복숭아와 비슷한 기능성 식품인 셈이다. 이래저래 손오공이 수명 연장과 불로장생 식품을 닥치는 대로 먹어 치웠던 탓에 손오공은 아무도 죽일 수 없는 존재가 된다. 하늘에서는 손오공을 죽일 수 없으니, 벌이라도 주기 위해 거대한 산 아래 가둬 놓는다. 산의 이름은 오행산이었다.

불교적인 관점에서 오행이라는 산의 이름은 의미심장하다. 동양의 우주관에서 가장 중요한 다섯 가지 요소인 목-화-토-금-수로 이어지는 오행의 순환 구조는 그대로 불교의 윤회관과 관계되기 때문이다. 손오공이 오행산 아래 갇혀 있는 것은 이러한 윤회의 구조에 갇혀 있는 중생의 모습을 상징한다고 볼 수 있다. 오행산을 벗어나 불경을 가지러 가는 것은 곧 불교에서 추구하는 해탈, 오행의 순환으로부터 벗어나는 것을 의미한다. 오공은 죽음을 극복하는 것 이상의 더 심원하고 초월적인 것을 극복하게 된다.

이러한 극복의 의미는 넥타nectar에도 나타난다. 넥타를 마시면 죽지 않는다. nec-은 '죽음'을 의미하는 접두어다. 비록 일상에서 접하는 용어들은 아니지만, necromancy라고 하면, 죽은 사람들과 소통해서 점치는 것을 의미한다. necropolis는 죽은 사람들의 도시, 곧 '넓은 묘지'를 의미한다. 따라서, 넥타라는 말은 죽음nec을 극복tar한다는 의미가 된다.

죽음을 극복한다는 뜻의 넥타nectar에 화밀이라는 의미를 부여한 것은 꽤 깊은 통찰의 결과처럼 보인다. 일찍이, 프랑스의 비평가 가스통 바슐라르가 통찰한 바 있듯이, 꽃은 식물의 성기다. 자손을 이을 수 있는 가장 핵심적인 기관인 것이다. 신들은 애초부터 죽음을 극복한 불멸의 존재이지만, 인간은 죽음을 자손의 번식으로 극복한다. 그런 의미에서 꽃 역시도 자신의 존재를 화밀을 통해 영속시킬 수 있는 것이다.

〈타르Tar〉라는 제목의 영화가 넷플릭스에 소개되었다. 케이트 블란쳇이 주연을 맡았던 주인공 리디아 타르의 이름이기도 하다. 정교하게 조각된 단단한 크리스털 같은 이미지로 최고의 클래식 지휘자를 연기한 케이트 블란쳇의 모습은 매우 인상적이었다. 하지만 승승장구하던 그녀의 삶은 사랑과 욕망에 대한 잘못된 선택으로 뒤틀리기 시작한다. 정상이 높을수록 추락은 더 길고 더 깊다. 그래도 그녀는 끝까지 포기하지 않는다. 타르라는 이름이 제목으로 쓰인 이유는 분명해 보인다.

avatar 아바타, 분신, 화신

예문: In the game, I chose an avatar that represents me.

게임에서 나는 나를 대표하는 아바타를 선택했다.

동의어: incarnation, representation

ava- (어근) 하강, 분리

예문: The term avatar stems from Sanskrit, with ava- suggesting descent.

'아바타'라는 용어는 산스크리트어에서 유래했으며, ava-는 하강을 의미한다.

tar- (어근) 가로지르다, 극복하다

예문: Tar- in nectar signifies crossing or overcoming, especially related to overcoming death.

'넥타(nectar)'에서 tar-는 가로지르거나 극복하는 의미이며, 특히 죽음을 극복하는 것과 관련이 있다.

trans- (어근) 가로지르다, 건너다

예문: Transport involves moving goods across distances.

운송은 물건을 먼 거리로 이동시키는 것을 의미한다.

동의어: across, through

nectar 넥타, 신들의 음료

예문: The bees collected nectar from the flowers.

꿀벌들은 꽃에서 넥타를 모았다.

동의어: ambrosia, honeyed drink

nec- (어근) 죽음

예문: Necropolis means city of the dead, a place of tombs.

'네크로폴리스'는 죽은 자들의 도시, 즉 무덤이 있는 장소를 의미한다.

동의어: death, mortality

반의어: life, immortality

necromancy 강신술, 죽은 자와의 소통을 통해 점을 치는 행위

예문: Necromancy was forbidden in many cultures due to its association with death.

강신술은 죽음과 연관되어 있기 때문에 많은 문화에서 금지되었다.

동의어: spiritism, divination

Tar 〈타르〉(영화 제목, 사람의 이름으로도 사용됨)

예문: In the movie, Lydia Tár navigates her rise and fall in the classical music world.

영화에서 리디아 타르는 클래식 음악계에서의 부상과 몰락을 경험한다.

transgender 성전환자

예문: She identifies as transgender and is an advocate for LGBTQ rights.

그녀는 자신을 트랜스젠더로 정체화하며, LGBTQ 권리의 옹호자이다.

동의어: gender nonconforming, trans

반의어: cisgender

translate 번역하다, 해석하다

예문: She translated the book from Spanish to English.

그녀는 그 책을 스페인어에서 영어로 번역했다.

동의어: interpret, render

반의어: misinterpret

transcend 초월하다, 극복하다

예문: Great art transcends cultural boundaries.

위대한 예술은 문화적 경계를 초월한다.

동의어: surpass, exceed

반의어: succumb, fall short

31

공원park은 주차장parking lot이 아니죠

공원park과 정원garden

한국에도 세계적으로 유명한 공원이 하나쯤 있으면 좋겠다.
뉴욕의 센트럴 파크Central Park나 런던의 하이드 파크Hyde Park, 파
리의 뤽상부르 공원Jardin du Luxembourg처럼. 재미있는 것은 한국어
로 공원에 해당하는 park는 센트럴 파크나, 하이드 파크에서는 그
냥 파크park로 쓰이는 게 자연스럽고, 뤽상부르 공원에서는 한국
어로 공원이라고 하는 게 자연스럽다. 물론, 이유가 없는 것은 아
니다. 자세한 설명은 뒤에 더 살펴보자.

공원은 영어로 park. 호텔에서 전망을 따질 때도 ocean view
라고 하는 것처럼 park view라는 말도 종종 들어 본 거 같다.
어떨 때는 주차장 전망을 가진 방을 만날 때도 있다. 주차장은
parking lot이라고 하니까 park view에서 parking lot view는
썩 멀지 않은 것 같다. parking은 '주차하다'는 뜻의 park다. park
는 자동차나 자전거를 세워 두는 것을 말한다. 한국에서 파킹은

이제 거의 한국어처럼 사용된다.

'공원'을 의미하는 park는 어쩌다 주차하다park라는 단어와 똑같이 생기게 되었을까? 사실 같은 어원에서 파생된 다른 용법이라고 보면 된다. park라는 단어의 어원은 사냥용 동물을 가두어 두는 곳을 의미한다. 중심이 되는 의미는 자연적인 숲이나 풀밭 같은 지역을 인공적으로 테두리 지어 만들었다는 것이다. 동물을 가둬 두기 위해서 자연적인 녹지가 울타리 쳐진 것처럼 둘러싸인 형태로 만들어졌다.

이런 장소가 도시에도 생겨나기 시작하면서 파크park는 일종의 도심 속 자연이 된다. 사람들은 도시를 벗어나 자연을 찾아가기보다, 도시 안에서 공원을 찾게 된 것이다.

그럼, 자동차를 주차한다는 말은 어떻게 생겨난 것일까? 당연히 동물을 가둬 두던 파크park 시절엔 주차라는 개념이 없었다. 자동차가 없었으니까. 하지만 19세기 초, 전쟁을 위한 포, 말, 마차, 보급품 같은 것을 보관하기 위해 따로 정해진 구역이라는 의미로 사용된다. 역시, 특정한 대상을 모아 두는 울타리 쳐진 지역의 의미로 사용된 것이다.

이후 자동차를 세워 두는 따로 할당된 지역에 대해서도 역시 park라는 단어를 사용하게 된다. 동물을 따로 모아 두던 장소를 의미하던 것에서, 이제는 자동차를 따로 모아 두는 장소를 의미하게 된 것이다. 동사로 '주차하다'라는 의미가 자동적으로 생겨났고, 자동차의 기어에도 이름이 반영되었다.

'공원을 관리하는 사람'이라는 뜻으로 파커parker라는 이름도 생겨났다. 파커라는 이름은 꽤 친숙하다. 파카 만년필도 있고, 로버트 파커라는 와인 비평가도 있었다. 영화 감독 알란 파커도 있다.

앨런 파커 감독의 영화는 스타일이 분명하다. 〈Pink Floyd: The Wall〉에서 〈미시시피 버닝Mississippi Burning〉, 〈데이비드 게일 The Life of David Gale〉 같은 영화들은 아주 강력한 사회적인 메시지를 담고 있다. 핑크 플로이드의 서사적인 뮤직 비디오 〈The Wall〉에는 교육에 대한 아주 통렬한 메시지가 담겨 있다. 특히, 학생들이 거대한 육가공기에 들어가면서 소시지가 되어 나오는 장면은 비참할 정도로 정확한 메타포였다.

뤽상부르 공원은 프랑스어로 Jardin du Luxembourg라고 한다. 공원에 해당하는 프랑스어 단어는 jardin이다. 카페가 지금처럼 많아지기 전 자댕이라는 카페가 나름 꽤 유명했었다. 당시에는 자댕이라는 말이 무슨 뜻인지 관심이 없었다. jardin은 영어의 garden과 어원이 같다. '정원'이라는 뜻이다.

garden은 원래 '정원', '과수원', 그리고 유럽에선 '궁전의 뜰'이라는 의미가 있었다. 스펠링과 소리를 생각해 보면 garden은 옛 프랑스어 gardin, 그리고 더 거슬러 올라가면 jardin에서 파생된 말이라고 한다. 물론 프랑스에서는 jardin이 아직도 사용되고 있다. 어원적으로는 모두 '둘러싸인 곳'이라는 의미이다. 결국 park나 정원garden에는 인위적으로 장소나 구역을 구분한 의미가 있는 것이다.

정원은 공원과 비슷하게 자연 친화적인 어감이 있는 말이다. 공원은 크고, 정원은 규모가 작다라고 말하고 싶지만, 정원도 정원 나름인 것 같다. 한국의 순천만국가정원은 공원이라는 말을 쓰지 않고 정원이라는 단어를 쓰기 때문이다.

생각해 보니 한국에는 세계적으로 유명한 공원은 아니지만 세계적으로 유명한 정원은 있는 셈이다. 특히, 순천만 습지에 장대하게 펼쳐진 갈대숲은 정말 인상적이다.

park 공원, 주차하다

예문: Central Park is a famous park in New York City.

센트럴 파크는 뉴욕시에서 유명한 공원이다.

동의어: (공원) garden, green space

반의어: (공원) urban area

parking lot 주차장

예문: The parking lot was completely full by noon.

정오까지 주차장이 완전히 찼다.

park view 공원 전망

예문: The hotel offers rooms with a beautiful park view.

그 호텔은 아름다운 공원 전망이 보이는 객실을 제공한다.

jardin 정원(프랑스어). 프랑스어로 공원을 의미하며, 작은 녹지 공간

예문: The Jardin du Luxembourg is a popular garden in Paris.

뤽상부르 정원은 파리에서 인기 있는 정원이다.

동의어: garden

garden 정원

예문: The garden is full of blooming flowers in spring.

그 정원은 봄이면 만개한 꽃으로 가득하다.

동의어: yard, greenery

반의어: wasteland

garden view 정원 전망

예문: I love waking up to the garden view from my window.

나는 창문으로 보이는 정원 전망을 보며 일어나는 것이 좋다.

Luxembourg 뤽상부르(프랑스 파리의 공원 이름)

예문: Jardin du Luxembourg is a lovely spot for a picnic.

뤽상부르 정원은 피크닉하기에 아름다운 장소이다.

Central Park 센트럴 파크(미국 뉴욕의 유명한 공원)

예문: Central Park is one of New York's most famous landmarks.

센트럴 파크는 뉴욕에서 가장 유명한 랜드마크 중 하나이다.

32

연인들의 딜레마dilemma : 사랑 없는 리비도libido, 리비도 없는 사랑

리비도libido와 사랑love

정신 분석학의 세례 덕분에 초자아라든가, 에고라든가, 리비도와 같은 말들이 세련된 지식이 되어 유행처럼 차고 넘치던 때가 있었다. 한때의 열정은 시간이 지나면 사그라지는 것처럼, 리비도라는 말은 이제 먼지 쌓인 프로이트의 『꿈의 해석』 따위를 펼칠 때나 만나는 단어가 되었다. 그럼에도 리비도는 얼마나 열정적인 말인가.

특히 프로이트의 『정신 분석학 입문』을 읽은 사람이라면 그가 리비도에 부여했던 숭고한 의미도 이해할 수 있을 것이다. 문명은 포기된 리비도가 승화된 것이라는 것을 말이다.

프로이트의 정신 분석학 지형도에서 이드는 보통 자아의 저 아래에 위치한 원초적인 욕망으로 이해한다. 리비도는 이드의 대부분을 구성하고 있는 원초적인 에너지다. 생존에 대한 욕망이나 성적인 욕망 대부분을 구성하고 있는 본질적인 에너지라고 할 수 있다. 성욕이라는 단어가 정신 분석학이라는 필터를 지나면 리비도가 된다. 리비도는 그만큼 들끓는 단어다.

사랑, love는 리비도libido와 어원적으로 관계가 있는 말이다. love에는 leubh-라는 인도유럽어에서 유래한 어원이 있다. 돌봐주고, 욕망하고 사랑한다는 뜻이다. 한국어 소리로 '럽' 정도라고 할 수 있는데, 리비도 역시 같은 어원을 공유한다. 가정이긴 하지만, '럽'이 산스크리트어에서 기원한다는 설도 있다. 산스크리트어 루바야티lubhyati, 루바야lubhaya 등의 단어에서 유래했다는 것이다. 핵심이 되는 부분의 소리가 유사하다. 루바야티는 '욕망하다'라는 뜻이고, 루바야는 '미치게 만들다'라는 뜻이다. 사랑의 증세를 정확하게 묘사하고 있는 말이다.

라틴어로는 lubet, libet로 진화해서 libido로 연결된다. 고등학교 때 '악마'라는 별명을 가졌던 독일어 선생님이 있었던 덕에 독일어로 사랑이 liebe라는 것 정도는 아직 기억한다. 독일어로 '사랑'을 의미하는 liebe는 love와 비슷하면서 libido의 핵심 자음이 겹쳐져 있다. 당연히 관계가 있다.

독일어 선생이 없었다 하더라도, 신승훈의 노래 〈보이지 않는 사랑〉을 기억한다면 문제없다. 노래는 샘플링 된 베토벤의 〈Ich Liebe Dich〉로 시작한다.

사랑을 말하면 에로스와 아가페를 떠올릴 것이다. 아가페는 기독교적인 사랑, 박애와 같이 성sex을 초월한 숭고한 사랑을 의미한다. 반대되는 자리에는 에로스가 있다. 그리스 신화에 등장하는 에로스다. 그리스 신화에서 의인화된 사랑의 신을 의미하기도 한다. 로마 신화의 큐피드에 해당한다. 에로스는 아가페와는 달리 완전히 육체적이고 정열적인 사랑을 의미한다. 에로스Eros와 큐피드Cupid 각각 그리스어와 라틴어 eran과 cupere를 어원으로 한다. 두 단어 모두 욕망한다desire는 의미를 기본으로 한다.

에라스무스라는 이름은 Eros의 의미에서 파생되어 '사랑받는 사람', '즐겁고 유쾌하다'는 의미가 있다. 신화를 배경으로 한 여러 그림에서 에로스는 활을 메고 다니는 꼬마 천사처럼 등장한다. 하지만 꼬마가 쏘는 화살은 대부분 치명적이다. 화살에 맞으면 신이라 할지라도 누군가를 미치게 사랑하게 되고, 또 극도로 싫어하게 된다. 게다가 에로스는 눈을 가리고 있다. 누가 사랑의 화살을 맞을지 아무도 모른다. 또, 사랑은 어이없이 맹목적일 수 있는 것을 상징하기도 한다.

사랑은 맹목적이다.
Love is blind.

사랑하는 사이에서 제일 중요한 것은 무엇인가? 어원적으로는 믿음이다. 왜냐하면 '믿다'라는 뜻의 believe에도 러브와 리비도와 같은 어원 럽leubh이 있기 때문이다. 한국어로 소리 낸다면, 빌리브에서 리브-lieve에 남아 있다.

장자크 아노 감독의 〈연인〉이라는 영화가 생각난다. 당시로서는 꽤 파격적인 베드 신이 있었다. 영어 제목은 〈The Lover〉로 되어 있지만, 마르그리트 뒤라스가 쓴 원작 소설의 프랑스어 제목은

『라망*L'amant*』이다. '애인', '연인', '소중한 사람'이라는 뜻이다. 영어에도 비슷한 단어가 있다. leman이다. le와 man으로 나뉘는데 앞부분의 le는 '소중하다'는 뜻이 있다. le-는 love의 '럽'과 어원이 같다. 여기서 man은 '남자'만을 의미하는 게 아니라, '사람'을 의미한다. 그래서 leman은 '사랑하는 사람', '연인'이라는 뜻이다.

1980년대 대우자동차에서 생산했던 소형 자동차 이름이 생각난다. 르망. Lemans이라고 쓴다. 자동차의 이름은 프랑스의 작은 공업 도시 르망Le Mans에서 유래했다고 한다. '연인'이라는 뜻과는 관계가 없다. 하지만 공교롭게도 한국 사람이 듣기엔 소리도 비슷하고, 나름대로 자동차를 연인처럼 아낀다는 뜻으로 생각하면 연인이라는 풀이도 심심하지는 않을 것 같다.

알고리즘 voca

libido 리비도, 성적 에너지, 무의식적 욕망, 정신 분석학에서 생명의 원초적 에너지, 특히 성적 욕망을 지칭하는 용어

예문: According to Freud, libido is the primary driving force behind human behavior.

프로이트에 따르면, 리비도는 인간 행동의 주요한 추진력이다.

동의어: sexual drive, eros, instinct

반의어: sublimation(승화), asexuality

id 이드, 무의식적 본능, 프로이트의 정신 구조론에서 가장 본능적이고 원초적인 부분

예문: The id operates on the pleasure principle, seeking immediate gratification.

이드는 쾌락 원리에 따라 즉각적인 만족을 추구한다.

동의어: subconscious, primitive mind

반의어: ego, superego

Cupid 큐피드, 사랑의 신, 로마 신화의 사랑의 신으로 그리스 신화의 에로스
와 동일한 인물

예문: Cupid is often depicted as a playful, winged boy with a
bow and arrow.
큐피드는 종종 활과 화살을 든 장난기 많은 날개 달린 소년으로 묘사
된다.

agape 아가페, 숭고한 사랑, 무조건적이고 비이기적인 사랑, 특히 기독교적
맥락에서 신의 사랑

예문: Agape represents a selfless, unconditional love for others.
아가페는 이기심 없는, 무조건적인 사랑을 의미한다.
동의어: charity, divine love
반의어: eros(육체적 사랑), selfish love

lover 연인, 애인

예문: She wrote a letter to her lover who was traveling abroad.
그녀는 해외에 있는 연인에게 편지를 썼다.
동의어: partner, sweetheart

believe 믿다

예문: True love is built on mutual respect and believing in each
other.
진정한 사랑은 상호 존중과 서로에 대한 믿음 위에 세워진다.
동의어: trust, faith

leman 연인, 애인, 구어체로 연인을 의미하는 말, 소중한 사람을 지칭

> **예문:** In medieval literature, a leman was often the subject of a knight's devotion.
>
> 중세 문학에서 leman은 종종 기사들의 헌신의 대상이었다.

※ **eros vs. agape**

> **eros:** 육체적 욕망과 열정적인 사랑을 상징
>
> **agape:** 무조건적이고 헌신적인 사랑

33

레시피recipe는 영수증receipt에 있어요

레시피recipe와 〈인셉션Inception〉

recipe는 '먹다'라는 뜻의 라틴어 recipe에서 왔다. 과거 약을 처방할 때, 뭘 먹어야 할지 알려 주기 위해 적어 주던 것에서 유래한다. 예를 들어, 약을 짓기 위해 도라지를 넣고 허브도 넣고 올리브잎도 넣고 이슬도 넣고 여우꼬리풀도 넣고 하는 식으로 어떤 재료가 필요한지 알려 주던 것이다. 약효를 위해 뭘 먹어야 하는지 지시하는 내용이 나중에는 요리할 때 넣는 재료를 지시하는 요리법이 되었다. '처방하다'라는 뜻으로는 prescribe라는 단어가 사용된다.

recipe의 라틴어 의미는 영어로는 take에 해당하는데, take는 일일이 나열하기 어려울 정도로 뜻이 많다. 여기서는 '먹다'와 '잡다'라는 두 가지 중요한 뜻으로 이해하면 된다. 그래서 recipe의 take는 '먹다'라는 뜻에서 레시피가, 그리고 '잡다'라는 뜻에서 '받다'라는 뜻으로 파생된다. 그래서, recipe는 '받다'라는 뜻의

receive와 관계가 있다.

영어를 공부하다 보면, receive와 recipe, 그리고 '영수증'을 의미하는 receipt의 스펠링 때문에 골치 아플 때가 있다. 스펠링이 완전히 다르면 헷갈리지 않을 텐데 비슷하면서 다르기 때문이다. 당연히 어원이 관계가 있기 때문이다. '영수증'을 의미하는 receipt는 뭔가를 받았다는 증서라고 할 수 있다. 당연히 receive와 관계가 있지 않겠는가? 과거 약 재료가 사용되었다는 것을 보증하기 위해 쓰여진 문서에서 유래한다.

receive는 re-와 ceive로 나누어진다. ceive는 '손아귀에 쥐다'는 뜻의 c(k)ap-을 어원으로 한다. 역시 영어의 take의 뜻에도 해당한다. 일반적으로 re-는 '뒤'를 의미하는 걸로 보면, receive는 잡아서 뒤로 가져가는 것이라고 볼 수 있겠다. 그래서 '받다', '접수하다'의 의미로 사용된다.

'붙잡다', '잡다'는 뜻의 cap-는 꽤 많은 단어에서 나타난다. '받아들이다'라는 뜻의 accept는 앞에서 받아들인다는 뜻으로 풀이할 수 있다. except는 잡은 것cept을 밖으로 가져간다는 뜻으로 풀이하면 '예외'라는 의미에 적절한 풀이가 될 것 같다.

리암 니슨 주연의 영화 〈테이큰Taken〉에서 take는 '잡혀가다'라는 뜻으로 쓰였다. take의 의미가 있는 cap-을 써서 captivate는 '포로로 붙잡다'라는 뜻이다. 붙잡힌 상태를 의미하는 형용사는 captive로 쓴다. 영화의 특정 장면을 스틸 사진처럼 캡처할 때, capture 역시 관계가 있는 말이다.

감각 기관을 통해 외부 자극을 인지하는 것은 perceive라고 한다. 감각 기관을 통해서per 외부 자극에 의한 느낌을 붙잡기cap-때문이다. 단어를 쪼개면 의미의 깊이가 보인다. 명사형으로는 perception이라고 한다. 비슷하게 conceive도 있다. '생각하다', '착상하다', '인식하다'라는 뜻이다. perception은 '감각', concep-tion은 '개념'이라는 의미로 사용한다.

conceive에는 '임신하다'라는 뜻도 있다. 영어의 어원에 조응하는 한자어로 써 본다면, '회임', '착상' 정도라고 할 수 있을 것 같다. 임신하는 것은 pregnant라고 하니까. 함께con- 붙잡았다ceive는 뜻이다.

'개념'이라는 명사는 콘셉트concept라는 형태로 쓰기도 한다. 요즘엔 프랜차이즈마다 콘셉트 컬러가 있다고 한다. 자동차 박람회에 가면 멋진 콘셉트 카들이 많다. 행사의 콘셉트, 프리젠테이션의 콘셉트, 의상의 콘셉트 등등 이제 콘셉트라는 말은 거의 한국어처럼 사용되는 것 같다.

'참여하다'라는 뜻의 participate는 역할part을 잡다cipate는 뜻이다. part는 '부분', '역할'이라는 의미가 있다. 전체로부터 분리된 부분이기에 일종의 무리를 의미하기도 한다. 그래서 party라고 하면 '일행'이라는 의미가 있다. 물론, 생일 파티party의 그 파티이기도 하다. 파티에는 항상 일정한 모임의 무리가 있는 것을 생각하면 편하다.

붙잡힌 상태에서 벗어나는 것을 해방이라고 할 것이다. 특히 흑인들이 노예의 예속에서 벗어난 것은 미국 역사에서 매우 중요한 사건이다. emancipate는 '해방시키다', '석방하다'라는 뜻이다.

단어를 쪼개 보면, '바깥'을 의미하는 접두어 e-와 '손'을 의미하는 man-, 그리고 '붙잡다'는 뜻의 cipate로 구성된다.

man은 생긴 걸로 보면 사람인 것 같지만, 여기서는 '손'이라는 뜻이다. 자동차의 수동을 말할 때, manual이라고 하는 것은 그것이 사람의 손(한자로 손 수手)으로 움직이기 때문이다. 종합하면 emancipate는 손아귀에 잡혀 있는 상태에서 벗어나는 것이다. 해방이다.

미국의 대통령 에이브러햄 링컨은 1863년 1월 1일 노예 해방 선언을 한다. 영어로는 The Emancipation Proclamation이다.

레오나르도 디카프리오가 주연했던 영화의 제목으로 쓰여지는 바람에 널리 알려진 단어가 있다. inception이다. 타인의 꿈에 접속한다는 설정은 정말 재미있었다. 그래서 inception을 찾아보면 대부분 '착수', '시작', '처음', '초기'라는 의미로 풀이되어 있다. '안'을 의미하는 in과 '잡다'는 뜻의 결합으로 '어떤 일을 착수하다', '시작하다'라는 의미가 자연스러워 보인다.

그런데, 영화에서도 이런 의미로 쓰였을까? 영화 제목의 의미가 시작? 영화의 내용을 고려하면 제목의 inception은 따로 의미를 부여한 단어가 아닐까 싶다. 영화의 내용이 다른 사람의 꿈속에in- 들어가 그의 정신을 장악ceive하는 것이니 만큼, inception은 conceive의 의미를 교묘하게 응용해서 의미를 부여한 것 같다. 바로 다른 사람의 정신 내부에in- 착상ceive하는 것이다. 물론, 영화를 이미 본 사람들은 당연히 그렇게 알고 있겠지만.

recipe 요리법, 처방전, 요리의 재료와 조리 방법을 설명하는 지침, 과거에는
약 처방을 의미

예문: She followed a recipe to make the perfect chocolate cake.

그녀는 완벽한 초콜릿 케이크를 만들기 위해 요리법을 따랐다.

동의어: instructions, formula

take 가지다, 받다, 먹다

예문: Please take this gift as a token of my appreciation.

이 선물을 제 감사의 표시로 받아 주세요.

동의어: accept, acquire

반의어: give, release

prescribe 처방하다, 지시하다

예문: The doctor will prescribe medication to help with your
symptoms.

의사는 증상을 완화하기 위해 약을 처방할 것이다.

동의어: recommend, authorize

반의어: forbid

receipt 영수증

예문: Keep your receipt in case you need to return the item.

물건을 반품해야 할 경우를 대비해 영수증을 보관하세요.

동의어: proof, documentation

receive 받다, 수령하다

예문: She received a gift from her friend.

그녀는 친구로부터 선물을 받았다.

동의어: accept, acquire

반의어: send, give

accept 받아들이다

예문: He accepted the offer to join the team.

그는 팀에 합류하겠다는 제안을 받아들였다.

동의어: approve, acknowledge

반의어: decline, reject

except 제외하다

예문: Everyone except John went to the meeting.

존을 제외한 모든 사람이 회의에 참석했다.

동의어: exclude, omit

반의어: include, involve

capture 포획하다, 붙잡다

예문: The artist captured the essence of the moment in her painting.

그 화가는 그녀의 그림 속에서 그 순간의 본질을 포착했다.

동의어: seize, acquire

반의어: release, free

perceive 인식하다, 지각하다

예문: He perceived the sound of footsteps behind him.

그는 뒤에서 들리는 발소리를 감지했다.

동의어: observe, discern

반의어: ignore

conceive 생각하다, 임신하다

예문: She conceived a brilliant plan to improve the project.

그녀는 프로젝트를 개선하기 위한 기발한 계획을 구상했다.

동의어: devise, envision

반의어: misunderstand

conception 개념, 생각, 임신

예문: The conception of the project was innovative and unique.

그 프로젝트의 개념은 혁신적이고 독창적이었다.

동의어: notion, idea

concept 개념, 구상

예문: The concept for the new app is simple but effective.

새로운 앱의 개념은 간단하지만 효과적이다.

동의어: idea, plan

participate 참여하다

예문: Many people participated in the charity run.

많은 사람들이 자선 마라톤에 참여했다.

동의어: join, engage

반의어: abstain, avoid

emancipate 해방하다

예문: The abolitionist movement helped to emancipate slaves.

노예제 폐지 운동은 노예를 해방하는 데 기여했다.

동의어: liberate, release

반의어: enslave

proclamation 선언, 중요한 사실이나 정책을 공식적으로 알리는 것

예문: The president made a proclamation on the new policy.

대통령은 새로운 정책에 대한 선언을 발표했다.

동의어: declaration, announcement

inception 시작, 착상

예문: The inception of the company was in 1990.

그 회사의 창립은 1990년이었다.

동의어: beginning, initiation

반의어: conclusion

34

클래식classic과 클래시컬classical : 고전의 비밀

클래식classic과 클래스class

클래식classic과 클래시컬classical, 두가지 형태는 용법이 헷갈린다. 클래식이라고 할 것이냐, 클래시컬이라고 할 것이냐. 검색해 보면 금방 알 수 있지만, 일상적으로 사용하는 클래식 음악classic music이라는 표현은 정확히는 클래시컬 음악classical music이라고 해야 맞다. 구글 검색창에 classic music이라고 치면, 결과는 classical music으로 나온다. 인공 지능이 알아서 classic music을 classical music으로 포워딩 하는 것 같다.

클래시컬 뮤직classical music은 '고전주의 음악'이라는 뜻으로 19세기에 확립된 말이라고 한다. 형식적으로 고전주의 음악의 시기는 바로크에서 낭만주의까지를 말한다. 시기적으로는 1750년에서 1820년까지로 규정하고 있다. 클래시컬한 것의 특징은 바로 서양

문화의 고전classical, 다시 말해 그리스와 로마의 문화를 동경하고 모방하려던 것에 있다. 그리스와 로마 시대는 까마득히 오래된 먼 시대라는 의미에서 고전으로 번역했을 것이다.

　19세기의 주류를 차지한 낭만주의romanticism 음악에 대조되는 개념으로 낭만주의 이전의 음악을 고전, 즉 클래식이라고 한 데서 클래식 음악의 명칭이 시작된다. 모차르트, 하이든, 베토벤과 같은 사람들이 고전 음악의 범주에 포함된 것이다. 그래서 클래식이라는 범위는 모차르트나 베토벤 시대의 음악을 말한다. 혹은 시기적으로 그 이후라 하더라도 고전적인 규범과 고전적 특성을 갖춘 음악을 지칭하기도 한다. 그래서 비교적 현대에 가까운 차이코프스키, 쇼스타코비치, 드뷔시 같은 이름도 역시 클래시컬 뮤직으로 소환되는 것이다.

　그래도 입에 더 잘 붙는 표현은 '클래식'이다. 영어권 사람들과 말하는 게 아니라면, 한국 사람들끼리 말하는데, '클래시컬'이라고 쓰면 어색하다. 한국식 영어의 딜레마라고나 할까. 어쨌거나, 이미 오랫동안 클래식으로 굳어졌으니, 새로운 영어 표현이라고 말해도 될 듯하다. 물론, 해외에서는 안 통할지도 모르지만.

　반면 클래식classic은 어떤 형태나 제품의 고전적인 모델, 그 분야를 정의하는 규범에 관한 의미라고 할 수 있다. 처음 요플레가 등장하고 난 이후로 다양한 맛의 제품이 속속들이 등장했다. 그런 상황에서 클래식 요플레는 처음 선보인 그 제품을 의미한다. 다시 말해, 어떤 제품이나 형태에 대해서 클래식하다고 하면, 그 유형 중에서 가장 고전적인 것(여기서 고전은 역사적인 고전의 시대가 아나라 가장 대표적인 모델을 의미한다), 전형적인 것을 의미한다고 할 수 있다.

클래식 자동차는 그런 의미를 분명히 해 주는 대표적인 예라고 할 수 있다. 여기서 클래식하다는 의미는 자동차의 전형, 자동차의 최초의 규범을 갖춘 의미로 이해하면 된다. 클래시컬은 규범이나 유형의 의미보다 역사적으로 실재했던 낭만주의 전의 시대를 환기시킨다. 그래서 클래시컬 자동차라고는 말할 수 없다. 왜냐하면 클래시컬이 의미하는 시대에는 자동차가 없었기 때문이다. 클래시컬은 역사의 한 시기를 지칭하는 말이기 때문이다.

클래식 필름classic film은 고전 영화를 말한다. 영화의 역사는 1896년 뤼미에르 형제가 만든 〈열차의 도착〉으로부터 시작된다. 100년이 훌쩍 넘는 영화의 역사에도 고전의 시기가 있었다. 그 시기의 영화를 클래식 영화classic film라고 한다. 누구나 한 번쯤 들어봤을 그런 영화들이다. 예를 들어, 〈바람과 함께 사라지다〉, 〈카사블랑카〉, 〈자전거 도둑〉, 〈대부〉, 〈시민 케인〉, 〈싸이코〉, 〈원스 어폰 어 타임 인 아메리카〉 등이 있다. 어쨌거나, 시간이 지나면 남아 있는 것들은 저절로 고전이 되지 않을까?

너무 당연하지만 클래식classic이라는 말은 클래스class에서 왔다. 클래스는 오래전 큰 인기를 끌었던 웹툰 〈이태원 클라쓰〉에서처럼 한국에서도 거의 일상어처럼 통용되는 말이다. '학급'이나 '반'을 의미하는 용법으로도 그렇고, '등급'이나 '계급'을 의미하는 용법으로도 그렇다.

클래스는 원래 로마 시대에 세금을 부과하기 위해 시민들을 구분하던 것에서 유래한다. 계급이나 계층별로 세금을 부과하는 구분이었기 때문에 자연스럽게 신분적인 계층을 의미하게 된 것이다. 그런 구분에서 가장 높은 신분에 있는 사람들을 클라시쿠스classicus라고 불렀다. 그러다 보니 클래스class라는 말에는 신분이 높은, 우월하다는 뜻이 담겨 있다. 본래 클래스는 '계급', '계층'을 의미했다. 그래서 카를 마르크스의 『자본론』에도 클래스가 등장한다. 자본주의 경제 체제에서 계급 간의 투쟁은 class struggle이라고 불렀다

중세에 학자들의 강의를 듣기 위해 어느 정도의 수준이 되는 사람들을 선별하던 것에서 비슷한 학습 능력이 있는 사람들의 모임을 클래스라고 불렀다. 그러다 보니, 어느 정도의 수준과 지위가 높다는 것을 의미하는 표현으로까지 사용된다. 비행기의 first class를 생각하면 쉽다.

결국 클래스의 가장 근원적인 의미는 '구분하다'라는 뜻이다. 그래서 클래스라는 단어는 생물학에서 배우는 분류의 명칭에도 포함된다. 종species, 속genus, 과family, 목order, 강class, 문phylum, 계kingdom 중에 클래스는 강에 해당한다. 생물 용어로는 꽤 어려운 용어였지만 영어로는 일상적인 단어로 표현된다.

누구나 비밀은 따로 보관한다. 나름대로 철저한 분류의 작업을 하고 있는 것이다. 그래서 '비밀'을 의미하는 말로 classified라는 표현이 사용되기도 한다. 말 그대로 '분류되다'라는 뜻이다. 보다 일반적인 단어로 비밀은 secret라고 하는데, 이 단어 역시 '분류하다'라는 뜻이 그대로 들어 있는 말이다. se-는 '분류'나 '구

분', '잘라 내는 것'을 의미한다. cret-는 '체'나 '거름망' 같은 것을 의미하는 krei-에서 왔다. 그래서 secret은 잘라서 구분한다는 뜻이다. 수준과 능력으로 구분하고 분류하는 의미의 class와 비슷한 셈이다.

　누군가 고전을 이렇게 정의하기도 했다.

　누구나 알고 있지만, 아무도 읽지 않는 책.

알고리즘 voca

classic 고전, 전형적인 것, 오랜 시간이 지나도 높은 가치를 인정받는 예술
작품이나 유형, 전형적인 모델이나 규범으로 간주되는 것

예문: The film is considered a classic of its genre.

그 영화는 해당 장르의 고전으로 여겨진다.

동의어: timeless, traditional, exemplary

반의어: contemporary, modern

classical 고전적인, 고대 그리스-로마의, 특정 시대의 고전적 특성을 따르는
예술이나 문화, 특히 18세기 후반과 19세기 초반의 고전주의 음악과 미
술을 가리킬 때 주로 쓰임

예문: Classical music includes works by composers like Mozart
and Beethoven.

고전 음악에는 모차르트와 베토벤 같은 작곡가들의 작품이 포함된다.

동의어: traditional, classicist

반의어: romantic(특히 음악에서), modern

romanticism 낭만주의, 18세기 후반에서 19세기 초반 유럽의 예술과 문학에서 자연, 감정, 개인의 상상력을 중시한 사조

예문: Romanticism emphasized individual expression and emotional depth.

낭만주의는 개인의 표현과 감성적 깊이를 강조했다.

동의어: emotionalism, idealism

반의어: classicism, realism

genre 장르, 유형, 예술이나 문학, 음악 등에서 특정한 스타일이나 주제를 지닌 부류

예문: Horror is a popular genre in film and literature.

공포는 영화와 문학에서 인기 있는 장르이다.

동의어: category, type

반의어: individual style, anomaly

era 시대, 연대

예문: The Victorian era was marked by strict social norms.

빅토리아 시대는 엄격한 사회 규범이 특징이었다.

동의어: period, age

반의어: instant, moment

typical 전형적인, 대표적인

예문: It's typical for her to arrive early to meetings.

그녀가 회의에 일찍 도착하는 것은 전형적인 일이다.

동의어: usual, characteristic

반의어: atypical, unusual

reminiscent 회상하게 하는, 연상시키는

예문: The painting is reminiscent of classical landscapes.

그 그림은 고전적인 풍경화를 연상시킨다.

동의어: evocative, suggestive

반의어: unmemorable

automobile 자동차

예문: The automobile industry has evolved rapidly over the years.

자동차 산업은 수년 동안 빠르게 발전해 왔다.

동의어: car, vehicle

film 영화, 필름

예문: He directed a classic film that won several awards.

그는 여러 상을 수상한 고전 영화를 감독했다.

동의어: movie, motion picture

반의어: reality, real life

class 등급, 계급, 학급, 유사한 속성을 지닌 사람이나 사물의 집단

예문: She is in a different class from her classmates.

그녀는 반 친구들과 다른 반에 속해 있다.

동의어: category, rank

반의어: individual

classify 분류하다, 구분하다

예문: The books are classified by genre in the library.

도서관에서는 책이 장르별로 분류된다.

동의어: categorize, sort

반의어: combine, integrate

secret 비밀

예문: He told her his biggest secret.

그는 그녀에게 자신의 가장 큰 비밀을 말했다.

동의어: mystery, confidential

반의어: known, public

distinctive 독특한, 특유의

예문: The building has a distinctive design.

그 건물은 독특한 디자인을 가지고 있다.

동의어: unique, characteristic

반의어: common, ordinary

classicus 로마 시대의 고위 신분, 고대 로마에서 높은 계급이나 등급을 나타내던 용어

예문: A classicus in Rome had significant privileges.

고대 로마에서 클라시쿠스는 상당한 특권을 가졌다.

동의어: elite, noble

반의어: plebeian

struggle 투쟁, 싸움

예문: They were in a struggle for independence.

그들은 독립을 위한 투쟁을 벌였다.

동의어: conflict, fight

반의어: peace, agreement

categorize 범주화하다, 분류하다

예문: The work of L.A.-based conceptual artist David Horvitz has never been easy to categorize.

LA에서 활동하는 콘셉트 아티스트 데이비드 호비츠의 작품은 분류하기가 결코 쉽지 않다.

동의어: classify, sort

반의어: mix, unite

timeless 영원한, 시대를 초월한

예문: His work is considered timeless.

그의 작품은 시대를 초월한 것으로 여겨진다.

동의어: eternal, enduring

반의어: temporary, fleeting

heritage 유산, 전통, 과거로부터 전해져 내려오는 전통이나 유산

예문: The castle is part of the country's cultural heritage.

그 성은 국가 문화유산의 일부이다.

동의어: legacy, tradition

반의어: innovation, modernity

epoch 시대, 중요한 시기

예문: The Renaissance was an epoch of cultural rebirth.

르네상스는 문화적 부흥의 시대였다.

동의어: era, age

반의어: moment, insignificance

standard 기준, 표준

예문: The standard for success varies in each field.

성공의 기준은 각 분야마다 다르다.

동의어: benchmark, norm

반의어: anomaly, exception

prestigious 명망 있는, 권위 있는

예문: He attended a prestigious university.

그는 명망 있는 대학교에 다녔다.

동의어: esteemed, reputable

반의어: obscure, unknown

35

클리셰cliché에 낡었네

클리셰cliché와 클릭click

　'상투적인 표현'이라는 뜻의 클리셰cliché라는 말은 한국에서도 낯설지 않은 말이다. 사랑을 고백하거나, 정치적인 선언을 하거나, 문학 작품에서 사용될 때, 클리셰는 별다른 고민 없이 관례적으로 사용되는 고정되다시피 한 표현을 말한다. 좋은 느낌으로 말하는 경우는 별로 없다. 특히나 독창적이고 오리지널original한 개성을 강조하는 현대 사회에서 클리셰는 지적으로 게으른 사람들의 표현처럼 여겨지기도 한다.

　클리셰는 활자 조판공들의 작업에서 파생된 말이다. 과거에는 인쇄를 할 때 각각의 글자를 새긴 조판 글자를 맞춰 넣어서 작업을 했었다. 한 페이지에 필요한 조판을 모두 프레임에 끼워 넣고 그것을 마치 판화를 찍어 내는 것처럼 찍어 내어 문서를 인쇄한 것이다. 이때, 각각의 글자를 끼워 넣는 일은 정말 꼼꼼한 중노동이었을 것이다.

369

하지만 사람들의 표현에는 속담proverb이나 격언maxim처럼 반복되는 표현들이 있었고, 그럴 때는 글자를 하나하나 넣지 않고 한 덩어리로 집어 넣을 수 있어서 그나마 활자를 집어 넣는 일이 수월해졌다. 마치 워드 프로그램에서 상용구로 등록된 표현 같다고 할 수 있을 것이다. '안'이라는 글자를 쓰면, 뒤로 '안녕하세요'라는 표현이 제시되는 것처럼 말이다. 이렇게 한 묶음으로 집어 넣는 조판 덩어리를 프랑스어로 클리셰cliché라고 부른 것이다. 이것은 인쇄공들 사이에서 사용되던 일종의 그들만의 은어jargon 같은 것이었다.

클리셰cliché에는 일종의 의성어 같은 성격이 있다. 금속으로 된 조판 글자를 판에 집어 넣을 때, 쇠끼리 부딪히면서 '딸깍' 하는 소리가 났기 때문에 cliché라고 불렀다. 이 소리를 표현하는 말은 현재 컴퓨터에서 메뉴를 마우스로 선택할 때 사용한다. 우리가 '클릭click'이라고 부르는 말이다. 실제로 click은 마우스를 누를 때만 사용되는 것이 아니라 다양한 사물들이 딱 맞춰지는 사태를 묘사할 때 사용되는 말이기도 하다.

인터넷에서 클릭은 현실의 돈과 같다. 클릭이 많아지면 돈도 많아진다. 그래서 인터넷에서는 수많은 '클릭 미끼'가 넘쳐 난다. 사람들로 하여금 클릭을 유도하게 하는 것을 '클릭-베이트click-bait'라고 한다. 흔히 인티넷에서 사람들이 '낚였다'고 표현하는 데에는, 원래 거기에 '낚시의 미끼'라는 뜻의 bait가 쓰였기 때문이다.

창의적인 관점에서, 혹은 문예적인 관점에서 상투어는 썩 좋은 점수를 얻기 어렵지만, 상투어는 나름대로 꽤 유용한 측면이 있다. 사용하는 사람이나 그것을 읽는 사
람 모두에게 오독과 오해의 가능성이 별
로 없다는 것이다. 특히나 가독성이 좋아
서 쓰는 시간도 읽는 시간도 줄일 수 있다.

어려서는 어떻게든 자신만의 표현을
찾으려고 했었는데, 이제는 어느 정도 상투적인 표현을 사용하는
것이 꽤 가성비가 좋은 글쓰기 전략이라는 생각이 든다. 최소한
상투적인 표현은 누가 들어도 쉽게 이해할 수 있기 때문이다. 자
신이 무슨 말을 하는지도 모르고 사용하는 단어와 표현들이 난무
하는 SNS를 보면 차라리 식상한 클리셰의 미덕이 더 의미 있게
느껴진다.

인터넷과 SNS, 신문에서 자주 사용되는 단어와 표현들은 대
부분 지나치게 극적일 정도로 과도하고 처절하고 극단적이다. 의
미의 인플레이션이 너무 심해진 까닭이다. 너도 나도 서로 극단적
인 표현을 사용하다 보니, 정작 사태에 적확한 단어나 표현은 사
람들에게 잘 와닿지 않게 된 것 같다. 공허하게 부풀어 오른 의미
로 충전된 단어들이 너무나 많다.

어릴 때만 해도 좋아하는 감정과 사랑하는 감정은 분명 다
른 것이었다. 하지만, 지금은 좋아한다는 말은 페이스북에서 클릭
할 때나 만나는 단어가 되었다. 절망이라는 단어는 실제로 절망을
느끼는 사람들보다 한 번도 느껴 보지 않았을 것 같은 사람들이
더 잘 쓰는 말이 된 것 같다. 뉴스를 보면 온통 대란 투성이다. 전
쟁을 겪은 세대들의 경험을 이해하고 있는 것일까?

워낙 센 단어들로만 둘러싸인 미디어 환경에서, 소소하게 일상을 묘사하는 말들은 점점 시들어 간다. 한번 쾌락에 익숙해지면 그다음으로 더 자극적인 쾌락을 불러일으키는 것처럼, 단어와 말들은 한번 커져 버리면 다시 줄여서 표현하는 것이 쉽지 않다.

예전엔 단어에 대한 섬세한 감수성이 중학생들에게도 있었던 것 같은데. 그때만 해도 옆 반 여학생에 대한 마음을 좋아한다고 말할지, 사랑한다고 말할지를 고민하던 친구들이 있었다. 지금은 자신이 표현하려는 사태에 대한 정확한 이해보다 자신이 사용할 단어에 대한 번지르르함과 충격적일 것처럼 한껏 부풀려진 극적 효과를 더 생각하는 것 같다. 그렇게 선택된 단어는 마치 운동회 날에 하이힐을 신고 가는 것처럼 꽤나 병적으로 어색하다.

그러다 보면 과거의 언어가 현재의 자신에게 부메랑이 되어 돌아오는 것은 정해진 수순이다. 교묘한 말을 잘하고 겉보기만 잘 꾸미는 사람은 공자가 가장 혐오했던 부류였다. 중학교 때 우리는 그것을 교언영색巧言令色이라고 배우기도 했었다.

cliché 상투적인 표현, 진부한 표현, 너무 자주 사용되어 참신함을 잃은 표현
이나 아이디어

예문: The story is full of clichés and predictable outcomes.

그 이야기는 진부한 표현과 예측 가능한 결말로 가득하다.

동의어: platitude, stereotype

반의어: originality, novelty

original 독창적인, 원래의

예문: Her original ideas helped the team stand out.

그녀의 독창적인 아이디어가 팀을 돋보이게 했다.

동의어: innovative, unique

반의어: cliché, derivative

proverb 속담

예문: There's an old proverb that says, "Actions speak louder
than words."

'행동이 말보다 더 크게 말한다'라는 오래된 속담이 있다.

동의어: saying, adage

maxim 격언, 금언

예문: The maxim "know thyself" is ancient but still relevant.

'너 자신을 알라'라는 격언은 고대의 것이지만 여전히 유효하다.

동의어: aphorism, motto

jargon 전문 용어, 은어, 특정 그룹이나 직업에서만 사용되는 특수한 용어

예문: Medical jargon can be confusing for patients.

의료 전문 용어는 환자들에게 혼란을 줄 수 있다.

동의어: terminology, slang, lingo

반의어: plain language, layman's terms

click 클릭하다, 딸깍 소리

예문: Just click on the link to open the webpage.

웹페이지를 열려면 링크를 클릭하세요.

동의어: press, tap

반의어: release

click-bait 클릭을 유도하는 미끼, 인터넷에서 사람들이 클릭하도록 자극하는 과장된 제목이나 콘텐츠

예문: The article was nothing more than click-bait to attract views.

그 기사는 조회 수를 유도하기 위한 미끼일 뿐이었다.

동의어: sensational headline, bait

반의어: genuine content

creativity 창의성, 창조력

예문: Creativity is essential for artists and innovators.

창의성은 예술가와 혁신가들에게 필수적이다.

동의어: inventiveness, originality

반의어: imitation, cliché

readability 가독성

예문: Simple language improves readability.

간단한 언어가 가독성을 향상시킨다.

동의어: clarity, comprehensibility

반의어: complexity, obscurity

inflation 인플레이션, 부풀림

예문: There is an inflation of dramatic language in media today.

오늘날 미디어에서 극적인 언어의 과장이 있다.

동의어: escalation, amplification

반의어: deflation, reduction

overuse 과도한 사용

예문: The overuse of certain phrases can make writing dull.

특정 표현의 과도한 사용은 글을 지루하게 만들 수 있다.

동의어: repetition, redundancy

반의어: underuse

SNS(Social Networking Service) 소셜 네트워크 서비스, 누리 소통망 서비스

예문: She shared the news on her SNS accounts.

그녀는 SNS 계정에 그 소식을 공유했다.

동의어: social media, social networking

반의어: offline communication

hyperbole 과장법, 사실보다 훨씬 과장하여 표현하는 문학적 수사법

예문: Saying "I'm starving" is an example of hyperbole.

'나 완전 굶어 죽겠어'라고 말하는 것은 과장법의 예시이다.

동의어: exaggeration, overstatement

반의어: understatement

accurate 정확한

예문: It's important to have accurate data.

정확한 데이터를 갖는 것이 중요하다.

동의어: precise, correct

반의어: inaccurate, erroneous

nostalgia 향수, 과거에 대한 그리움이나 동경

예문: She felt a wave of nostalgia when looking at old photos.

그녀는 오래된 사진을 보며 향수를 느꼈다.

동의어: longing, reminiscence

반의어: unfamiliarity

drama 극적, 드라마

예문: The drama in the news headlines is often exaggerated.

뉴스 헤드라인의 극적인 요소는 종종 과장된다.

동의어: spectacle, theatricality

반의어: subtlety, simplicity

linguistic 언어의, 언어학의

예문: He studied the linguistic patterns of ancient texts.

그는 고대 문서의 언어적 패턴을 연구했다.

동의어: language-related, philological

반의어: non-linguistic

sensational 선정적인, 선풍적인, 자극적이고 극적인 방식으로 관심을 끌려는 것

예문: The magazine often uses sensational headlines.

그 잡지는 종종 선정적인 헤드라인을 사용한다.

동의어: exaggerated, thrilling

반의어: dull, ordinary

nuance 미묘한 차이

예문: Understanding nuances in language can be challenging.

언어의 미묘한 차이를 이해하는 것은 어려울 수 있다.

동의어: subtlety, refinement

반의어: bluntness, coarseness

saturation 포화 상태, 채도

예문: There's a saturation of sensational content online.

온라인에는 선정적인 콘텐츠가 포화 상태이다.

동의어: overload, excess

반의어: scarcity, deficiency

expression 표현, 표출

예문: His facial expression revealed his emotions.

그의 얼굴 표정이 감정을 드러냈다.

동의어: phrase, representation

반의어: suppression, silence

exaggerate 과장하다

예문: The news tends to exaggerate minor issues.

뉴스는 사소한 문제를 과장하는 경향이 있다.

동의어: overstate, amplify

반의어: downplay, minimize

phrase 구, 어구

예문: That phrase has become a cliché over time.

그 어구는 시간이 지나면서 진부한 표현이 되었다.

동의어: expression, saying

반의어: word, single term

authentic 진정한, 진짜의

예문: People are looking for authentic content these days.

요즘 사람들은 진정성 있는 콘텐츠를 찾고 있다.

동의어: genuine, real

반의어: fake, inauthentic

appropriate 적절한, 알맞은

예문: Choose the appropriate words to express yourself.

자신을 표현하기 위해 적절한 단어를 선택하세요.